감사로 빚은 만두

감사로 빚은 만두

초판 1쇄 발행 2023년 12월 25일

지은이 정해숙
펴낸이 장길수
펴낸곳 지식과감성ᵇ
출판등록 제2012-000081호

교정 김지원
디자인 서혜인
편집 서혜인
검수 이주희, 정윤솔
마케팅 김윤길, 정은혜

주소 서울시 금천구 벚꽃로298 대륭포스트타워6차 1212호
전화 070-4651-3730~4
팩스 070-4325-7006
이메일 ksbookup@naver.com
홈페이지 www.knsbookup.com

ISBN 979-11-392-1514-4(03230)
값 15,000원

- 이 책의 판권은 지은이에게 있습니다.
- 이 책 내용의 전부 또는 일부를 재사용하려면 반드시 지은이의 서면 동의를 받아야 합니다.
- 잘못된 책은 구입하신 곳에서 바꾸어 드립니다.
- 여기에 사용한 성경전서 개역개정의 저작권은 (재)대한성서공회에 있습니다.

지식과감성ᵇ
홈페이지 바로가기

감사로 빚은 만두

사랑하는 마음을 주시고,
또 나를 돌아보는 시간을 허락하심에
진심으로 주님께 감사를 드린다.

목차

서문 6
추천사 10

2018 14

2019 18

2020 68

2021 120

2022 230

2023 310

서문

    1954년 충주에서 40리 떨어진 시골 오빠와 12살 차이로 나는 태어났고, 5년 뒤 여동생이 태어났다. 365일 술 없이 살 수 없으셨던 아버지, 농한기 때에는 아랫마을 주점 아니면 위 삼거리 주점이 단골이셨던 아버지를 중학생인 나는 혼자 밤중에 무서움을 무릅쓰고 가정에 평화를 위해 마중을 나가곤 했다. 물론 사람들 앞에서 나를 칭찬하시고 용돈을 주시거나 과자를 사 주시는 게 좋기도 했지만 궁극적으로 마중을 안 나가면 자녀를 잘못 가르쳤다고 엄마를 향해 화살이 날아오기 때문이다. 아버지한테 백여우 소리를 들으며 아버지 사랑을 많이 받고 자란 나는 국민학교 십 리 길을 강바람 냇바람을 안고 다녔다. 그러던 중 산과 산 사이 골짜기에 오빠가 태어나기 이전 언니 오빠들이 묻혀 있다는 얘기를 듣게 되었고, 교회에 가 본 적도 없으면서 그때부터 하늘을 향해 늘 읊조렸다.
    '아버지 술 좀 덜 잡수시게, 또 나도 공부를 더 잘하게 해 달라고….'

아버지가 사발 부자라는 별명을 갖고 계시듯 가난하지는 않았으니 부자 되게 해 달라고는 안 했다.

오래전부터 유교 집안이라 무당을 데려다 굿하는 것도 자주 보았다. 대학을 가기 위해 인문고등학교를 가고 싶었지만 아버지가 반대하셔서 여상을 갈 수밖에 없었다. 그때는 시골에서 시내로 학교 가기가 힘들었다. 시골에도 고등학교가 있으니까 원서를 잘 써 주지 않았다. 다행히 시내버스가 생겨 시내에서 학교에 다니며 삼 년 동안 자취 생활을 했다. 농사일 안 하고, 술 안 사 나르고, 소 풀 안 뜯고, 공부만 할 수 있고, 마음대로 교회에 갈 수 있어서 모든 것이 내 세상 같아 너무 기뻤다. 나를 포함 성결교회를 다니는 다섯 친구는 늘 함께 생활했다. 그러나 취업이 되어 서울로 올라온 나는 믿음의 친구들을 떠나고, 직장 등산 클럽에 들어가 주말이면 산 곳곳을 누볐다. 직장 연애로, 아무것도 재어 보지 못하고 내게 잘해 주던 불교 집안 남자와 결혼하여 두 아들을 낳았다. 그때 서울 노원구 중계동 104마을에 살았는데 우리 집 부근에 중계교회가 있고 여동생이 그 교회 전도사로 선교원 아이들을 가르치고 있었다. 비록 남편이 반대를 했지만, 교회에서 나쁜 것을 가르치겠냐고 하며 우겨서 아이들과 나도 중계교회에 나가게 되었다.

여동생이 신학을 시작하면서 친정 집안은 기적적으로 모두가 예수님을 영접하게 되었다. 하나님은 어떠한 방법으로라도 역사하심을 깨달은 사건이 있었다. 술 좋아하고, 노래 잘하는 남편 때문에 아파트로 이사 간 후, 1층이다 보니 늘 술손님이 잦았다. 남에게 아픈 짓 못 하고 거짓말 싫어하고 외박 모르고 늘 같이 다니길 좋아했던 남편이 한순간에 무너졌다. 또 설상가상으로 작은아들이 큰 교통사고를 당해 생사의 기로에 놓이는 일이 있었다. 인생의 큰 두 사건 앞에 주님을 원망할 만도 한데 그런 마음은 하나도 없고 두 아들을 위해 일어서야겠다는 생각뿐이었다. 대형 마트에서 과일 판매 이벤트도 하고, 이웃 친구 따라 길거리 경찰에 쫓기면서 두부 잡곡 장사도 했다. 그러던 중 남의 식당 일 하나 해 본 적이 없던 나는 고의적인지는 모르겠으나, 아는 사람 소개로 교육청 정문 앞이라는 좋은 자리에 가게를 얻고 인기를 얻으며 신바람 나게 장사를 시작했는데 1년 만에 지하철이 들어오게 되어 권리금을 모두 날렸다. 다시 세 평 남짓 작은 가게에서 찐빵, 만두, 분식을 시작하며 전전, 그러나 20년 후 오랜 식당 일로 무릎 관절, 손 관절, 뇌경색, 중풍을 겪어야 했다.

   식당을 정리하고 전도사로 은퇴한 여동생과 여동생의 의형제 부부와 함께 넷이서 충북 괴산군 칠성으로 내려와 현재 사곡교회를 섬기며 그곳을 나의 선교지라 생각하고 주님과 이웃을 섬기고 있다. 새로운 장애인 활동 보조 일을 하면서 장애인을 사랑하는 마음을 주시고, 또 나를 돌아보는 시간을 허락하심에 진심으로 주님께 감사를 드린다.
   친구들에게 편지를 쓰거나 기도문을 쓸 때, 연습장에 쓰고 노트에 옮기는 습관이 있어 그동안 모은 글들을 자녀들에게 줄 책으로 남기고 싶고, 마음의 고향이며 한평생 섬겼던 중계교회의 사역 중 하나인 필리핀 선교에 조금이나마 도움이 되길 바라는 마음과 또 믿지 않는 사람들도 진리의 말씀이 들어가 있으니 책을 읽는 동안 깨달음과 회심의 시간이 있기를 바라는 마음으로 수줍지만 이 책을 내 본다. 미약하지만 읽어 주신 모든 분들께 감사드리며, 편집해 주시느라 수고하신 중계교회 백권재 목사님과 김정란 사모님께 아낌없는 감사를 보낸다.

2023년 9월 15일 칠성 보금자리에서

추천사

중계교회 백권재 목사

"우리가 감사함으로 그 앞에 나아가며 시를 지어 즐거이
 그를 노래하자"(시편 95:2)

　한 편의 시를 낭독하듯이 대표 기도를 하시는 권사님께서 자신의 기도문을 모아 책을 낸다고 하셨을 때 기대와 기쁨이 용솟음쳤다.

　정해숙 권사님은 예수님을 믿은 후부터 지금까지 기도로 사신 분이다. 식당에서 만두를 빚으면서 기도하시고 음식을 준비하면서도 기도하시고, 식당을 그만두시고 칠성으로 거처를 옮겼지만 그곳에서도 여전히 어르신들을 돌보며 기도하시고 먼 길을 걸어 다니시며 말씀을 암송하고 말씀을 묵상하며 말씀에 붙잡힌 기도를 통해 하나님과 동행하시는 권사님.
　모든 문제의 정답은 말씀과 기도임을 알고 계시는 권사님.

목회를 하면서 많은 분들을 만나지만 주님과 동행하면서 온전히 말씀과 기도로 사는 사람을 만나는 것은 목회자로서 큰 행복이며 보람이다. 그래서 이 책을 쓴 정해숙 권사님에게 감사를 드린다.

기도는 하나님을 믿는 그리스도인들의 삶의 핵심이다. 하나님과 인간을 연결시켜 주는 유일한 교제의 통로이기 때문이다.

하나님의 말씀을 붙잡고 기도했던 권사님.

하나님이 기도를 통해 주신 꿈을 향해 달려왔던 권사님.

기도에 관해 많은 책들을 많이 읽어 보았지만 권사님의 책은 온전히 기도 인생을 산 사람의 생생한 간증을 볼 수가 있다.

이 책을 읽다 보면 기도의 깊이를 맛보며 하나님의 임재를 경험하며 책을 읽는 내내 기도의 깊은 영감으로 들어감을 느끼게 될 것이다.

기도가 어렵다고 느끼는 많은 분들이 이 책을 읽으시면서 기도가 얼마나 행복한지, 얼마나 능력이 있는지, 얼마나 기쁜지 읽는 분들 모두가 기도하는 인생이 되리라 확신한다.

하나님은 우리의 기도를 들으시며 우리의 기도를 기뻐하신다. 그러므로 우리는 어떤 상황과 형편 속에서도 기도의 줄을 놓지 말아야 한다.

정해숙 권사님이 한 알 한 알 감사함으로 만두를 빚으며 기도했듯이 독자 모두 이 책을 통하여 예수님을 닮기 위해 하나님이 빚으시는 기도를 경험하기를 바란다.

2018. 11. 21.

"주 하나님이 이르시되
나는 알파와 오메가라 이제도 있고 전에도 있었고
장차 올 자요 전능한 자라 하시더라"
(요한계시록 1:8)

　전지전능하신 하나님. 우리를 사랑하사 끈을 놓지 않으시고 주님의 머리요, 몸 된 교회로 인도하사 하나님께 예배드리게 인도하심을 감사드립니다. 진정한 예배 참된 예배로 하나님께 영광 돌리게 하옵소서. 안식일을 기억하여 거룩하게 지키라는 하나님의 명령을 모두 지키는 자 되게 하옵소서.
　이른 비와 늦은 비, 태양과 바람을 적절히 보내 주시고 한 해가 마무리되어 가는 결실의 끝자락에서 무엇을 얼마나 심었고 열매는 얼마나 걷었는지 하나님 앞에 송구스럽고 죄송한 것뿐입니다. 하나님, 게을렀던 저를 용서하여 주옵소서. 하나님을 경외하는 자녀로 살아가길 원합니다.
　하나님이 우리에게 주신 약속, 나는 너를 잊지 아니할 것이고 너를 내 손바닥에 새겼고 너의 성벽이 항상 내 앞에 있다고 하신 하나님. 그럼에도 불구하고 우리는 다른 길로 갈 때가 많이 있습니다.

중심을 보시는 하나님, 이럴 때마다 성령의 오른팔로 붙잡아 주시옵소서. 연약하고 무지한 우리를 이처럼 사랑해 주시니 너무나 감사합니다. 하나님께 갚아야 할 빚진 자 된 우리를 긍휼히 여기셔서 무엇이 하나님을 기쁘게 해 드리는 것인지 알아 실천하며 나가게 하옵소서.

우리 교회를 사랑하시는 하나님. 우리 성도님 모두가 건강한 믿음으로 각자의 소명 잘 감당하게 하옵시고, 몸이 아프신 권사님을 치료자의 하나님이 고쳐 주셔서 한자리에 모여 예배드리는 날이 속히 오게 도와주옵소서.

누군가 말하길 과거는 기억되는 현재이고 미래는 기대되는 현재일 뿐 우리의 미래는 없다고 했습니다. 너희 생명은 잠깐 보이다가 없어지는 안개니라 날마다 새날을 허락하시는 하나님께 감사하는 마음으로 살기 원하오며 매일매일 새날을 허락하시는 예수님의 이름으로 기도드렸습니다. 아멘.

2019. 07. 31.

"여호와 하나님은 해요 방패이시라 여호와께서 은혜와 영화를 주시며 정직하게 행하는 자에게 좋은 것을 아끼지 아니하실 것임이니이다" (시편 84:11)

참으로 고마우신 하나님. 진정으로 찬양과 예배를 드리오니 기뻐 받으시옵소서. 지난 주간도 하나님이 원하시는 씨앗을 심는 것보다 우리의 욕심을 위해 원하는 걸 더 추구했던 삶이었음을 용서하여 주시옵소서.

하나님이 우리에게 주신 것은 두려워하는 마음이 아니요 오직 능력과 사랑과 절제하는 마음임을 깨닫게 하시니 감사드립니다. 그러나 우리는 하나님 앞에 말씀대로 살지 못하는 죄인임을 고백합니다. 불쌍히 여기시어 하나님 앞에 바로 서갈 수 있도록 인도하여 주시옵소서.

하나님 우리 교회가 나부터 말씀에 기도에 불붙길 원합니다. 먼저 충성하고 복 주시마 약속하신 복을 받기 원합니다. 우리 교회가 건강한 믿음으로 건강한 삶을 살아가도록 인도하여 주시옵소서.

목사님들의 모든 기도 제목이 하나님 뜻 안에서 이루어지길 원하오며 우리에겐 생명의 말씀으로 삶에 지표 되게 하옵소서. 나를 생명으로 인도하시는 예수님의 이름으로 기도드립니다. 아멘.

2019. 08. 01.

"너희는 여호와를 영원히 신뢰하라
주 여호와는 영원한 반석이심이로다"
(이사야 26:4)

   사랑 안에서 하나님 앞에 거룩하고 흠이 없게 하시려고 기쁘신 뜻대로 예정하사 예수 그리스도로 말미암아 하나님의 자녀들이 되게 하셨으니 감사드립니다. 이 시간 드리는 예배가 하나님을 찬송하게 하옵소서.

   날마다 새날을 허락하여 주시고 하나님 전에 모여 기쁨으로 예배 드리게 인도하시니 너무나 감사드립니다. 마른 떡 한 조각만 있고도 화목하는 것이 제육이 집에 가득하고도 다투는 것보다 나으니라고 말씀하셨습니다.

   우리가 가진 것이 풍족해서 나누는 삶이 아니어도 예수님이 약한 자, 가난한 자, 병든 자를 찾아다니시며 섬기는 행복을 느끼셨던 것처럼 우리의 행복이 섬기며 나누는 삶이 되어 행복을 느끼게 하옵소서. 움켜쥔 주먹을 펴서 나누는 삶이 되게 하시고 사물을 걸기 위해 때리는 망치보다 박힌 못이 되어 많은 사람에게 편리한 도구로 사용되게 하옵소서.

하나님, 우리 안에 내재되어 있는 크고 작은 죄 용서하여 주옵시고 후회라는 단어보다 회개의 생활로 변화되게 하옵소서.

우리 교회가 한마음 한뜻을 품어 하나님만 바라보게 하옵소서. 말씀을 묵상하고 말씀을 들을 때마다 하나님의 말씀으로 받아 마음 판에 새긴 대로 살아가게 하옵소서. 감사가 끊이지 않는 삶이 되길 원하오며 감사하게 하시는 예수님의 이름으로 기도드렸습니다. 아멘.

2019. 08. 07.

"그러므로 내일 일을 위하여 염려하지 말라
내일 일은 내일이 염려할 것이요 한 날의 괴로움은 그 날로 족하니라"
(마태복음 6:34)

　찌는 듯 무더운 날씨에 아무 탈 없이 주님 전으로 인도하시니 감사드립니다. 주님 홀로 영광 받으시옵소서.
　우리가 하나님을 믿기 전 흑암의 권세에서 건져 내시고 주님의 나라로 옮기셔서 예수님 안에서 죄 사함 받게 하였으니 너무도 감사드립니다. 죄 사함 받은 자녀로서 그리스도 안에 뿌리 박아 말씀 앞에 믿음으로 굳게 서서 하나님의 은혜 잊지 않는 성도 되게 하옵소서.
　솔로몬은 세상에 금도 있고 진주도 많거니와 지혜로운 입술이 더욱 귀한 보배라고 했습니다. 하나님 우리에게 전도의 입술을 열어 주사 그리스도의 비밀을 바르게 전할 수 있는 지혜를 주셔서 믿지 않는 영혼 구원하는 데 최선을 다할 수 있도록 도와주시옵소서.
　사람은 사랑할 대상이지 의지할 대상이 아니기에 하나님만이 우리가 의지할 분이며 행복과 참 기쁨임을 깨달아 세상의 욕심 따르지 아니하고 곧은 길, 주님의 길 가게 하옵소서. 내일 일을 알지 못하는 잠깐 보이다가 없어지는 안개 같은 인생.

다윗이 솔로몬에게 한 마지막 유언입니다.

내 아들 솔로몬아 너는 네 아버지의 하나님을 알고 온전한 마음과 기쁜 뜻으로 섬길지어다 여호와께서는 모든 마음을 감찰하사 모든 의도를 아시나니 네가 만일 그를 찾으면 만날 것이요 만일 네가 그를 버리면 그가 너를 영원히 버리시리라(역대상 28:9)

하나님. 우리가 다윗처럼 자녀들에게 이런 유언을 남길 만큼 본이 되는 삶을 살아왔는지 뒤돌아봅니다. 믿지 않는 사람은 돈을 많이 벌어 행복하고 건강하게 살라 할지 모르겠지만 우리의 유언은 믿음 안에서 화목하는 것이 행복이라 전할 수 있는 자격을 주시옵소서.

우리 교회가 말 한마디 미소 하나하나로 선한 일에 열매 맺는 자녀 되게 하옵소서. 목사님 건강과 성령 충만케 하옵시고 말씀 대언하실 때 우리의 깨달음과 감사가 넘치게 하옵소서. 예수님의 이름으로 기도드립니다. 아멘.

2019. 08. 15.

"내가 그리스도와 함께 십자가에 못 박혔나니 그런즉 이제는 내가
사는 것이 아니요 오직 내 안에 그리스도께서 사시는 것이라 이제
내가 육체 가운데 사는 것은 나를 사랑하사 나를 위하여 자기
자신을 버리신 하나님의 아들을 믿는 믿음 안에서 사는 것이라"
(갈라디아서 2:20)

    은혜와 자비 긍휼을 베푸시는 하나님. 오늘도 주님 전에 모이게 하셔서 예배를 드릴 수 있도록 인도하시니 감사합니다.
    온전히 주님을 향한 영적 예배가 되게 하옵소서.
    주를 사랑하고 주의 계명을 지키는 자에게 언약을 지키시며 긍휼을 베푸시는 하나님. 우리가 하나님을 알아 가며 예수님이 이 땅에서 행하신 업적을 기억하고 믿음의 반석에 굳게 서갈 수 있도록 인도하여 주시옵소서. 하나님이 그 뜻을 위하여 우리 마음에 소원을 두셨으니 소원을 따라 행하여 하나님의 감동과 섭리를 깨달아 항상 영적으로 깨어 있게 하옵소서. 생각건대 우리 마음에 감동을 주셔서 하나님의 섭리 가운데 이곳까지 인도하셨으매 이곳에서 그 열매를 얻기까지 믿음으로 복음의 씨를 뿌리고 성령의 열매를 거둘 수 있도록 성령님 역사하여 주시옵소서.

하나님, 너무도 감사합니다. 인접한 교회가 있어 좋고 맑은 공기와 아름다운 환경과 인심 좋은 이곳에서 건강 회복시켜 주시니 너무도 고맙습니다. 주신 건강으로 하나님 은혜에 쓰임받게 하옵소서.

하나님, 우리 안에 밖으로 보이지 않는 우상이 너무도 많습니다. 중심을 보시는 하나님은 이를 아시오매 용서하여 주옵시고 우상과 싸울 때는 늘 승리하게 하옵소서. 그리하여 육체를 위하여 심는 자 되지 말고 성령을 위하여 심는 자 되어 영생을 얻도록 인도하여 주시옵소서.

하나님, 이 나라를 굽어 살펴 주시옵소서. 믿는 자는 깨어 기도하게 하시고 정치자와 나라를 지키는 국방의 의무인과 경제인들이 국민의 평화와 안녕을 위하여 분별하는 지혜를 갖게 하옵소서.

> 하나님께 가까이 함이 내게 복이라 내가 주 여호와를 나의 피난처로 삼아 주의 모든 행적을 전파하리이다(시편 73:28)

아삽의 시처럼 우리 교회가 하나님을 가까이하여 복 받는 가정 되게 하시고 모든 문제 앞에 모든 기도 제목 앞에 하나님께 엎드려 간구하여 응답받는 자들 되게 하옵소서. 단에서 말씀 전하실 목사님께 늘 함께하셔서 교회를 이끌어 가시는 데 어려움이 없게 하시고 모든 기도의 제목이 주님 안에서 성취되기 원하옵나이다. 시종일관 주님께 의탁하오며 예수님의 이름으로 기도드렸습니다. 아멘.

2019. 08. 22.

"여호와와 그의 능력을 구할지어다
그의 얼굴을 항상 구할지어다"
(시편 105:4)

    여호와 하나님은 해요 방패이시라. 오늘도 주님의 날개 아래 보호하시고 거룩한 성전으로 인도하심에 감사드립니다. 가식이 없는 진정한 예배로 하나님께 영광 되게 하옵소서.
    예수님의 보혈로 말미암아 우리가 구원을 받았으매 구원을 받은 우리의 몸이 하나님의 성전인 것을 믿고 내 안에 성전부터 더럽히지 않도록 순전한 마음을 주시옵소서.
    하나님이 우리에게 능력과 사랑과 절제하는 마음을 주셨으나 우리는 주신 능력 다 발휘하지 못하고 사랑과 절제는 자신의 유익에 따라 행하였음을 용서하여 주시옵소서.
    야고보는 사람이 믿음이 있노라 하고 행함이 없으면 아주 이익이 없으며 영혼 없는 몸이 죽은 것같이 행함이 없는 믿음은 죽은 것이라 했습니다. 말씀을 바르게 믿어 우리의 혀를 주장하여 주시사 지혜롭게 하시고 전도의 문을 열어 바르게 받는 교훈을 전하게 하옵소서.

<u>스스로 속이지 말라 하나님은 업신여김을 받지 아니하시나니 사람이 무엇으로 심든지 그대로 거두리라</u>(갈라디아서 6:7)

어떤 씨앗이든 한 알을 심으면 그 씨앗에서 많은 열매를 맺듯이 내 가족부터 구원에 이르고 믿지 않는 가정 가정마다 한 사람이라도 전도의 길이 열려 온 가족이 믿어지는 능력이 일어나게 하옵소서.

우리 교회가 선한 믿음의 씨앗을 뿌려 선한 열매를 거둘 수 있도록 하나님 늘 동행하여 주시옵소서. 하나의 힘은 약하나 여럿이 뭉치면 강한 힘을 낼 수 있듯이 교회가 공동체로 동력자 되어 합력하여 선을 이루게 하옵소서.

안개 같은 우리의 인생, 가치 있는 삶, 하나님을 위한 영광, 모든 일에 감사가 있는 삶, 이웃을 위해 뻗어야 할 손길을 마음에만 둔 채 행하지 못함을 고백합니다.

시간을 황금처럼 아껴 부지런하여 열심히 말씀을 듣고 읽어 남을 주는 주님의 백성이 되게 하옵소서.

하나님의 능력 안에서 우리에게 능력 주시니 못 이룰 것이 없도록 역사하여 주시옵소서. 단에 서신 목사님 영육 간에 강건하심과 모든 것에 부요함을 주셔서 목표와 기도의 제목마다 주님 안에서 응답되게 하옵소서. 감사드리오며 예수님의 이름으로 기도드렸습니다. 아멘.

2019. 08. 27.

"너희 염려를 다 주께 맡기라 이는 그가 너희를 돌보심이라"
(베드로전서 5:7)

　사랑과 은혜와 자비로 우리에게 아무 조건 없이 찾아와 주신 하나님 너무도 감사합니다. 하나님의 뜻을 알아 가며 이름을 높여 드리는 이 시간의 예배가 하나님께 영광되게 하옵소서. 오직 성령께서 깨닫게 해 주셔서 빛의 자녀로 하나님의 뜻을 행하는 자 되게 하옵소서. 날마다 새벽 눈을 열어 기도로 시작하고 오늘 하루 이런저런 일을 하게 될 텐데 동행하셔서 만나는 자마다 하는 일마다 우리의 능력이 아니고 하나님을 높여 드리는 한 날이 되어 감사 기도로 저녁을 맞이하게 하옵소서.
　하나님, 우린 내 눈에 들보는 보려 하지 않고 남의 눈에 티는 잘도 보려 합니다. 사랑하라 하셨고 용서하라 하셨고 분이 오를 때 참으라 하셨고 듣기는 속히 하고 말하기는 더디 하라 하셨는데 그렇게 하지 못함을 용서하여 주시옵소서.

　죽고 사는 것이 혀의 힘에 달렸나니 혀를 쓰기 좋아하는 자는 혀의 열매를 먹으리라(잠언 18:21)

하나님, 우리의 세 치도 안 되는 혀를 주장하여 주시옵소서. 아름다운 말 좋은 말만 하기에도 인생은 짧기에 우리 안에 관용 베푸는 마음을 주셔서 하나님 사랑, 이웃 사랑 나누는 삶이 되게 하옵소서.

말씀 앞에서 마음과 생각과 행동으로 범죄치 않고 최선의 삶을 살아가려 하지만 순종보다는 불순종이 더 많았음을 회개합니다. 주님께 우리는 빚진 자입니다. 겸손히 순종하며 나아가는 믿음을 주시옵소서.

춥지도 덥지도 않은 좋은 계절이 왔습니다. 때를 얻든지 못 얻든지 전도의 사명이 계시기에 말씀이 기도가 되고 곡조 있는 찬양이 기도가 되며 준비된 찬양과 예배로 하나님의 이름이 거룩히 여김을 받도록 인도하여 주시옵소서.

하나님 감사합니다. 부족함 없이 일용할 양식 주님의 말씀을 주시고 마음에 평안을 주시니 고맙습니다. 주신 사랑으로 성도님들 더욱 서로 사랑하게 하옵시고 아름다운 교회, 칭찬받는 교회 되게 하옵소서. 감사드리며 예수님의 이름으로 기도드립니다. 아멘.

2019. 09. 06.

"내 형제들아 너희가 여러 가지 시험을 당하거든
온전히 기쁘게 여기라"
(야고보서 1:2)

　사랑의 주님 우리의 불순종과 불성실에도 버려두지 않으시고 늘 함께하셔서 인도하시니 감사드립니다. 예수님의 십자가를 생각하며 드리는 금일 예배를 기뻐 받으시옵소서.
　물이 증발하여 구름을 만드시고 비와 천둥, 번개 그 모든 자연이 하나님의 신비하고 오묘한 능력에 감탄합니다.
　어느 것 하나 감사하지 않을 수 없는데 때로는 무지한 우리가 감사를 모르고 문을 닫고 살았음을 용서하여 주시옵소서.

　"사람아 주께서 선한 것이 무엇임을 네게 보이셨나니 여호와께서 네게 구하시는 것은 오직 정의를 행하며 인자를 사랑하며 겸손하게 네 하나님과 함께 행하는 것이 아니냐"(미가 6:8)

　믿는 자들이 먼저 본이 되게 하시고 어지러운 현실에 정치인들이 정의를 행하게 하옵소서. 무엇이 참이고 무엇이 거짓인지 분별하는 능력을 주셔서 참다운 정치, 국민을 위한 정치를 할 수 있도록 온 믿는 성도들이 깨어 기도하게 하옵소서.

기도는 우리의 몫이고 응답은 하나님께 있사오니 간절한 심정으로 부르짖어 하나님의 뜻 가운데서 우리의 뜻이 성찰되게 하옵소서.

하나님, 우리 교회를 사랑하셔서 지금까지도 인도하시니 감사드립니다. 하나님의 뜻에 합당한 열매를 맺기 위해 달리는 성도 되게 하옵소서. 영적 지혜를 주셔서 담대히 나갈 수 있도록 인도하여 주시옵소서.

하나님, 아프신 분이 계십니다. 치료자의 하나님께서 안수하여 주셔서 머리끝에서부터 발끝까지 온전케 하여 주시고 의사의 손에도 지혜를 주시옵소서. 오늘 섬김의 사명을 갖고 받는 자와 주는 자 기쁨이 되게 하여 주옵시고 단에 서신 목사님 강건하게 하옵시고 대언하실 때 말씀에 귀를 기울여 말씀이 우리를 쪼개어 옥토와 같은 심령으로 거듭나게 하옵소서. 듣는 귀와 믿음의 눈과 거룩한 입으로 마음을 지켜 복 받는 교회가 되기 원하오며 예수님의 이름으로 기도드립니다. 아멘.

2019. 09. 20.

"보라 하나님은 나의 구원이시라
내가 신뢰하고 두려움이 없으리니
주 여호와는 나의 힘이시며
나의 노래시며 나의 구원이심이라"
(이사야 12:2)

    공의와 정의를 사랑하시고 인자하심이 풍성하신 하나님, 지난날도 주님의 품 안에서 보호하심을 감사드립니다. 진정 외식하지 않는, 형식이 아닌 진실함으로 하나님께 영광 돌리게 하옵소서.
    하나님, 세상 사람들이 누리지 못하는 특권을 주셨으니 감사합니다. 하나님께 기도할 수 있는 자녀의 신분으로 긍휼하심과 인자하심을 깨닫게 하시니 감사합니다. 이 행복, 이 기쁨 누리지 못하는 세상 사람들에게 복음을 전할 수 있는 믿음을 주시옵소서.
    하나님께서 너는 내 아들이라, 오늘날 내가 너를 낳았도다. 하나님의 자녀로 인정해 주셨는데 하나님의 자녀답게 살아왔는지 하나님보다 나를 먼저 세움이 있었다면 용서하여 주시옵소서.
    예수님의 십자가 고난과 욥의 고통과 다윗의 고난에서도 훗날 하나님의 섭리하에 크나큰 축복이 있음을 말씀에서 봅니다. 승리와 기쁨은 고통과 슬픔 속에서 잉태되고 가꾸어지며 마침내 열매로 맺혀지는 이치지만, 우리에게 주어지는 십자가와 고통을 피하고 싶어 했습니다.

고난도 축복이라 야고보는 내 형제들아 너희가 여러 가지 시험을 당하거든 온전히 기쁘게 여기라. 그 말씀도 이해하기 어려웠습니다. 그러나 태풍 뒤에 자연의 변화가 있고 비 온 뒤 땅이 굳어짐과 밤이 깊으면 새벽이 멀지 않듯이 뒤돌아보면 지금까지 걸어온 길, 인내를 온전히 이루도록 하나님의 인도하심이 계셨음을 믿고 감사드립니다.

사도 바울이 그리스도인의 생활은 즐거워하는 자들과 함께 즐거워하고 우는 자들과 함께 울라 했습니다. 우리의 시선이 병든 자, 연약한 자, 소외된 자에게 멈추게 하셔서 도움의 손을 내밀어 예수님의 행적 따라가게 하옵소서.

하나님이 사랑으로 지켜 주신 교회가 그런 교회 되기 원합니다. 사랑으로 하나 되고 믿음으로 하나 되고 소망으로 달려가는 아름다운 교회, 하나님께 칭찬받는 교회 되게 하옵소서. 예수님의 이름으로 기도드립니다. 아멘.

2019. 09. 27.

"그러므로 내일 일을 위하여 염려하지 말라
내일 일은 내일이 염려할 것이요
한 날의 괴로움은
그 날로 족하니라"
(마태복음 6:34)

　전지전능하신 하나님 모든 것이 다 감사합니다. 하루 일과를 마무리하고 금요예배 인도하셔서 찬양과 은혜의 말씀 듣게 하시니 감사드립니다. 기뻐 받으시는 산제사 되게 하옵소서. 이 모양 저 모양 각자의 위치에서 나오지 못하신 성도님들 어느 곳에서든 이 자리 기억하게 하시고 하나님이 함께하셔서 지켜 주시옵소서.
　기도 중에 확신을 갖게 하시고 응답 중에 감사가 넘치게 하시는 하나님, 우리 죄를 위하여 십자가를 지신 예수님을 말씀에서 배우고 들었음에도 증인 되지 못했던 삶을 용서하여 주시옵소서.
　하나님, 우리의 안에는 선과 악, 순종과 불순종이 늘 공존하고 있습니다. 선이 악을 이기고 디모데처럼 순종하는 사람이 받는 응답과 승리를 경험하게 하옵소서. 그리하여 주님의 은혜, 하나님의 섭리와 삶의 변화가 간증되는 삶이 되게 하옵소서.

우리 교회가 그리스도 안에서 한 몸이 되어 하나님의 진리를 배운 대로 전파하고 서로 사랑하며 하나님이 주신 달란트대로 감사가 넘치는 삶 되게 하옵소서. 오늘도 건강을 지켜 주시고 목표와 계획, 기도의 제목마다 주님의 뜻 안에서 이루어지게 하옵소서.

하나님, 정치인은 정치인의 자리에서 경제인은 경제인의 자리에서 그리스도인은 그리스도인의 자리에서 각자 공의와 정의를 위한 역할을 해서 이 나라 평안이 깃들게 하옵소서. 감사하오며 예수님의 이름으로 기도드립니다. 아멘.

2019. 10. 04.

"내게 무슨 악한 행위가 있나 보시고 나를 영원한 길로 인도하소서"
(시편 139:24)

    우리를 향하신 하나님의 사랑과 은혜로 인도하시니 감사드립니다. 하나님께 영광 드리는 이 시간 예수님의 뿌리가 우리 속에 들어와 말씀 사모하게 하옵소서.

    결실의 계절 가을의 문턱에서 풍요로움에 감사드립니다. 농부는 오곡의 결실을 거두는데 우리는 얼마나 복음의 씨앗을 뿌렸으며 얼마나 열매를 맺어 가는지 하나님 앞에 부끄러울 뿐입니다. 불순종하고 하나님의 뜻에 거슬렸던 우리의 죄를 회개하오니 용서하여 주시옵소서.

    안드레가 먼저 예수님을 만난 후 형 베드로를 초청해 예수님께 데려가 예수님 말씀에 순종하여 고기 낚는 일을 체험한 후 확실히 예수님을 만난 것처럼 우리가 이웃을 초청하여 나눔의 교제가 있게 하옵소서.

    우리의 행실이 그들에게 비칠 때 사랑과 진실함이 있게 하옵소서. 이런 만남들이 전도의 길로 이어져 구원받는 역사가 이루어지게 하옵소서.

오직 선을 행함과 서로 나누어 주기를 잊지 말라 하나님은 이같은 제사를 기뻐하시느니라(히브리서 13:16)

하나님이 기뻐하시는 산제사인 하나님 사랑 이웃 사랑을 실천하게 하옵소서.

하나님, 이 빈자리를 채워 주시길 원합니다. 우리에게 하나님의 능력을 주시옵소서. 그리하여 전도의 사명 잘 감당하게 하옵소서. 간절히 부르짖는 자에게 아낌없이 주시는 하나님 간증이 되도록 우리에게 응답하심을 체험하게 하옵소서. 기도의 능력을 더하여 주셔서 보이기 위한 기도가 아니라 기도대로 살아 내는 삶이 되게 하옵소서.

오늘도 단에 서신 목사님, 성령님 함께하시어 건강한 믿음과 말씀으로 전하실 때 하나님이 말씀으로 받아 아멘으로 화답하게 하옵소서. 날마다 주님과 동행하는 삶이 되기 원하오며 예수님의 이름으로 기도드렸습니다. 아멘.

2019. 10. 11.

"수고하고 무거운 짐 진 자들아 다 내게로 오라
내가 너희를 쉬게 하리라
나는 마음이 온유하고 겸손하니
나의 멍에를 메고 내게 배우라
그리하면 너희 마음이 쉼을 얻으리니
이는 내 멍에는 쉽고 내 짐은 가벼움이라 하시니라"
(마태복음 11:28-30)

 사랑의 하나님, 오늘도 주님의 은혜로 살아가게 하시니 감사드립니다. 하나님께 영광 올려 드리는 참 예배 되게 하옵소서. 광야 같은 세상에서 주님과 교회에 뿌리내려 열매 맺는 성도 되길 원합니다. 하나님은 진리를 가르치시고 잘못을 책망하시며 허물을 고쳐 주시고 올바르게 살아가는 훈련을 시키심에도 불구하고 우리는 여전히 죄를 범할 때가 많음을 고백합니다. 용서하여 주시옵소서.
 슬픔 뒤엔 기쁨이 있게 하시고 고난 뒤엔 축복을 주시며 훈계하시는 하나님, 우리가 말씀 앞에 바로 서갈 수 있도록 굳건한 믿음 주시옵소서.

내일 일을 너희가 알지 못하는도다 너희 생명이 무엇이냐 너희는 잠깐 보이다가 없어지는 안개니라(야고보서 4:14)

솔로몬이 우리의 연수가 70이요 강건하면 80이라. 한 번 왔다가 한 번 가는 것은 정한 이치인데, 어떻게 하면 남은 생을 살아온 날보다 의미 있게 시간을 아껴 참 복음자의 길을 갈 수 있는지 하나님의 능력으로 인도하여 주시옵소서.

이시형 박사님은 노년에도 연구를 하시며 죽는 날까지 행복한 일을 하다가 잠자는 듯 가는 것이 소망이라 했습니다. 우리들의 하루하루가 오늘에 족한 삶을 살다 갈 수 있도록 도와주시옵소서.

하나님. 의인은 없나니 하나도 없다라고 말씀하셨는데 우리 교회 성도는 적을 수 있지만 숫자가 많고 적음에 있는 것이 아니라 우리가 믿음의 부자 되어 교회를 이끌어 가시는 데 어려움 없게 하옵소서. 하나님의 자녀로 복음의 합당한 삶을 살아가기 원하오며 예수님의 이름으로 기도드립니다. 아멘.

2019. 10. 21.

"사랑 안에 두려움이 없고 온전한 사랑이 두려움을 내쫓나니 …
우리가 사랑함은 그가 먼저 우리를 사랑하셨음이라"
(요한1서 4:18-19)

    반석과 구원과 요새와 피난처 되시는 하나님. 위로받고 싶을 때 말씀으로 위로하시고 고난 후에 축복을 주시며 환난 중에 피할 길을 주시니 감사드립니다. 이 시간 드리는 예배가 영과 진리로 하나님께 영광이요 우리에게 은혜가 되길 원합니다.
    고맙고 사랑이 많으신 하나님, 우리는 혼자가 아닌 더불어 살아가는 세상 속에서 성령의 공동체로 교회의 사랑으로 하나 되게 하심을 감사드립니다. 하나님의 일에 동역자가 되어 협력하여 선을 이룰 수 있도록 인도하여 주시옵소서.
    무슨 일을 하든지 말에나 일에나 다 주 예수 이름으로 하라 하셨는데 내 안에 자만이 있어 나를 먼저 세우려 했던 교만을 용서하여 주시옵소서.
    요나단의 마음이 다윗과 하나 되어 자기 자신의 생명처럼 사랑했으므로 아버지 사울이 다윗에게 위기감을 느껴 죽이려 할 때마다 패하게 했고 아버지에게 죽음을 무릅쓰고 당당하게 다윗에게 범죄하지 마소서. 그는 왕께 득죄하지 않았고 하는 행동이 선하매 왜 죽이려 하느냐고….

우리는 성경 동화 같은 역사 속에서 하나님의 인도하심과 우정을 봅니다. 이웃 나라, 윗사람에게 눈치 보며 당리당략에 빠진 정치인들을 바라보며 우리가 먼저 원망, 불안해하기보다 깨어 기도하게 하옵소서.

"너희 중에 누구든지 으뜸이 되고자 하는 자는 너희의 종이 되어야 하리라 인자가 온 것은 섬김을 받으려 함이 아니라 도리어 섬기려 하고 자기 목숨을 많은 사람의 대속물로 주려 함이라"(마태복음 20:27-28)

하나님, 우리가 주님의 사랑을 따라 듣고 배우고 행함으로 믿는 자에게 먼저 겸손하게 낮아지는 마음으로 손발을 씻기며 섬기는 자녀 되게 하옵소서. 나를 구원하신 예수님의 이름으로 기도드립니다. 아멘.

2019. 10. 25.

"낮에는 여호와께서 그의 인자하심을 베푸시고
밤에는 그의 찬송이 내게 있어
생명의 하나님께 기도하리로다"
(시편 42:8)

    우리의 피난처 되시는 하나님, 오늘 한날도 하나님 앞에 예배할 수 있도록 인도하시니 감사드립니다. 하나님께 영광과 찬양이 되는 귀한 시간 되게 하옵소서.
    하나님 감사합니다. 날마다 입히시고 먹이시고 영육의 양식을 주시니 하나님의 은혜입니다. 은혜와 축복을 통해서 하나님을 더 잘 알고 경외하며 불시에 찾아오는 시련과 고통을 통해서는 하나님을 더욱 의지하며 가까이 나갈 수 있는 믿음 주옵소서. 우리는 은혜받을 수 없는 연약한 죄인이지만 예수님의 통로를 통해 축복 주시기를 원하시는 하나님께 감사드립니다.

    내 계명을 지켜 살며 내 법을 네 눈동자처럼 지키라 이것을 네 손가락에 매며 네 마음판에 새기라(잠언 7:2-3)

우리가 이 땅에서 살아가는 동안 매일 손가락에 매인 법을 보며 마음 판에 새긴 명령을 지켜 행하는 성도 되게 하옵소서.

하나님, 지나온 날이 물질과 탐욕 세상에서 허상만 쫓았던 삶이었음을 회개하오니 용서하여 주시옵소서. 솔로몬이 지혜를 하나님께 구했던 것처럼 물질보다 지혜가 더 값진 것임을 깨달아 물질로 인해 죄악에 빠지지 않도록 도와주시옵소서.

하나님, 우리 교회 성도님 한 분 한 분 기억하여 주시옵소서. 서로 사랑이고 서로 동역자이고 한 공동체이오니 사랑 안에서 하나 되게 하옵소서. 기도의 제목들이 응답되어지게 하시고 응답이 더디 올지라도 인내와 소망을 이룰 수 있도록 온전한 믿음 주시옵소서. 말씀 들음에 깨달아 거듭난 우리의 삶이 되게 하옵소서. 감사드리며 예수님의 이름으로 기도드렸습니다. 아멘.

2019. 11. 01.

"우리가 다 하나님의 아들을 믿는 것과
아는 일에 하나가 되어 온전한 사람을 이루어
그리스도의 장성한 분량이 충만한 데까지 이르리니"
(에베소서 4:13)

주님이 십자가에 달려 돌아가신 이 밤을 기억하게 하사 주님 전으로 불러 주시니 감사드립니다. 피곤한 자에게 능력을 주시며 무능한 자에게 힘을 더하시는 하나님, 받은 은혜 감사함에 믿음의 뿌리 내려 하나님의 영광을 보게 하소서.

삶의 우선순위가 하나님이라 배웠으면서도 모든 것이 자신이 먼저였음을 용서하여 주시옵소서. 주님의 능력과 권능을 찬양한다 하면서도 귀는 밝은데 듣지 못하는 영적 귀머거리와 소경은 아니었는지 뒤돌아봅니다.

주님 때문에 우리가 흘린 눈물이 있었는지, 자신의 욕심과 서운함 때문에 흘리는 눈물은 아니었는지…. 하나님, 다시금 썩어질 육을 위해서가 아니라 주님을 위해 흘리는 눈물이 되게 하소서.

바울은 하나님이 우리에게 주신 것은 두려워하는 마음이 아니요 오직 능력과 사랑과 절제라 했는데, 우리는 죄인이기에 하나님을 늘 두려워합니다. 계명대로 살지 못했고 하나님의 뜻대로 살지 못했음을 고백합니다.

우리 안에 선과 악, 미움과 사랑, 부지런함과 게으름, 이기심과 배려가 늘 공존합니다. 하나님, 사탄과 싸워 이길 수 있는 강한 믿음을 주시옵소서.

선교를 떠난 전도사님, 애굽에서 인도해 낸 이스라엘 자손들을 낮에는 구름기둥으로 밤에는 불기둥으로 그들의 행할 길을 비추셨던 것처럼, 오가는 길 지켜 주시고 가는 길마다 하나님의 의가 드러날 수 있는 선교 되게 하옵소서. 있어서 간 것이 아니요, 선교의 사명이기에 한 영혼이라도 구원할 수 있는, 죽어 가는 영혼 살릴 수 있는 기적을 주시옵소서.

말씀 전하시는 목사님, 적은 성도님들을 이끌어 가시는 데 어려움 없게 하시고 기도의 제목, 목표가 이루어지며 영육 간에 강건하게 하옵소서. 예수님과 늘 동행하는 삶 되길 원하오며 예수님의 이름으로 기도드렸습니다. 아멘.

2019. 11. 03.

"내가 그들에게 영생을 주노니 영원히 멸망하지 아니할 것이요 또 그들을 내 손에서 빼앗을 자가 없느니라 그들을 주신 내 아버지는 만물보다 크시매 아무도 아버지 손에서 빼앗을 수 없느니라"
(요한복음 10:28-29)

    엿새 동안 힘써 일하고 안식일을 기억하여 거룩하게 지키라 하신 하나님, 지난 주간도 하나님의 보호 아래 두시고 주님의 날 주님 전으로 불러 주시니 감사드립니다. 주님 때문에 기쁨이 되고 모든 영광을 주님께 돌리는 감사의 날이 되게 하옵소서.
    모든 생물에 생기를 주는 새벽이슬처럼 영혼이 시들어 가는 죄 가운데서 우리를 구원하셔서 사랑과 기쁨을 주시니 감사드립니다. 날마다 하나님의 은혜로 살고 감사의 조건들을 기억하며 산다고 하지만 여전히 버리지 못하는 우상이 자리하고 있음을 용서하여 주옵소서.
    우리가 버려야 할 것, 내려놓아야 할 것, 짊어져야 할 것을 분별해서 우상을 버리고 교만과 자만을 내려놓고 짊어져야 할 십자가. 순종하는 믿음으로 나아갈 수 있도록 인도하여 주옵소서.

> 마른 떡 한 조각만 있고도 화목하는 것이 제육이 집에 가득하고도 다투는 것보다 나으니라(잠언 17:1)
> 채소를 먹으며 서로 사랑하는 것이 살진 소를 먹으며 서로 미워하는 것보다 나으니라(잠언 15:17)

우리는 말씀 안에서 행복이고 사랑이고 싶습니다. 내 가족이 우리 성도님들이 말씀 속에 진리대로 섬기며 나누며 행복한 가정 되게 하옵소서.

아버지 하나님, 이 빈자리를 하나님의 능력으로 채워 주시옵소서. 서울의 어느 집사님이 채워지는 소망으로 이 자리가 다 채워지면 의자를 모두 해 주시겠다고 했습니다. 그 소망하는 마음을 보시옵소서.

하나님이 세우신 교회, 작은 능력이 모여 큰 역사 이루게 하옵소서. 하나님, 사정상 교회를 못 나오신 권사님 그 곁을 지켜 주시고 이 자리를 기억게 하시고 사모하게 하시고 기도하게 하옵소서.

선교 떠난 전도사님 동행하사 생명 부지 아프리카에서 복음이 전파되게 하시고 건강을 지켜 주시옵소서.

이 시간 목사님 말씀 붙잡고 단에 섰습니다. 말씀이 우리의 생명수가 되고 생활의 지표가 되게 하시고 적은 성도님들 이끌어 가시는 데 어려움 없게 하옵소서. 날마다 주님께 감사하는 삶 되길 원하오며 예수님의 이름으로 기도드렸습니다. 아멘.

2019. 11. 08.

"여호와와 그의 능력을 구할지어다
 그의 얼굴을 항상 구할지어다"
(시편 105:4)

    전지전능하시고 약속대로 정직하게 행하시는 하나님, 이 밤에도 예배의 자리로 인도하시니 감사드립니다. 만민 중에 우리를 택하셔서 하나님의 백성 삼아 주셨으니 하나님의 마음을 알아 하나님께 영광 드리는 시간 되게 하옵소서.
    하나님 사랑합니다.
    하나님이 먼저 우리를 사랑하셨음에 이젠 우리가 하나님을 사랑합니다. 우리 죄를 대신하여 독생자 아들까지도 내어주셨는데 하나님 우리는 주님 앞에 아주 작아집니다. 무엇이 진정 주님을 위한 길인지 깨닫지 못할 때가 너무 많습니다. 마음이 평온할 때 주님을 멀리하고 목마름이 갈급할 때 주님을 더 찾았습니다. 너무 힘들 땐 다른 곳에서 답을 구했던 불신앙을 용서하여 주시옵소서.
    이제 주님만 의지하고 주님만 바라보게 하옵소서.
    하나님 말씀은 정말 내 발의 등불입니다. 게으른 자에겐 진리로 개미에게 가서 보고 그가 하는 것에서 지혜를 얻으라, 두령도 감독도 통치자도 없는데 여름 동안에 예비하여 추수 때에 양식을 모으라고. 하물며 만물의 영장인 인간인데 하나님께서 능력 주시면 못 이룰 것이 없는 줄 믿사오니 능력 주시옵소서.

오래전 비 갠 오후 어느 날, 기다란 지렁이가 물이 없어 죽어 가는 걸 개미가 발견하고 어느새 여러 마리가 모여 동강동강 내더니 어디론가 가져가는 것을 보았지요. 개미의 부지런함과 그들의 협동심, 우리 교회가 각기 다른 성격 다른 달란트를 가졌어도 하나의 선을 이루어 행복과 기쁨이 넘치는 교회 되게 하옵소서. 각 성도님들의 기도 제목과 소망이 하나님의 뜻 안에서 성찰되게 하옵소서.

지혜 있는 자는 궁창의 빛과 같이 빛날 것이요 많은 사람을 옳은 데로 돌아오게 한 자는 별과 같이 영원토록 빛나리라(다니엘 12:3)

우리 교회가 이 지역 하나님을 모르는 불신자들을 빛으로 인도할 수 있는 전도의 능력 주시옵소서. 담임 목사님 기억하셔서 지경을 넓히시고 어려움 없게 하옵시고 심령을 감찰하시는 하나님이 목사님의 마음을 아시오매, 뜻 이루어지게 하옵시고 우리들의 듣는 귀를 열어 마음밭에 심을 말씀이 우리를 통해 이웃에 밝히 드러나게 하옵소서. 감사드리오며 예수님의 이름으로 기도드렸습니다. 아멘.

2019. 11. 15.

"나를 넓은 곳으로 인도하시고 나를 기뻐하시므로
나를 구원하셨도다"
(시편 18:19)

　우리 힘의 반석과 피난처 되시는 하나님, 지난날도 무탈하게 보호하시고 주님 전으로 인도하시니 감사드립니다. 찬양과 영광을 받으시옵소서. 오늘도 하나님이 주신 선물 자유를 누리며 모든 것에 감사할 수 있게 하시니 감사드립니다. 주신 자유의 테두리 안에서 하나님께 누가 되었던 시간들이 있었으면 깨닫게 하시고 용서하여 주시옵소서.

　하나님, 한 해가 저물어 가고 그 푸르던 잎들이 낙엽 되어 대지 위에 희생과 도움을 줍니다. 차가운 땅 이불 되어 주고 다른 초목에 거름 되어 줍니다. 하나님의 뜻대로 세상에 나왔음에 하나님께서 예쁜 아름다운 선행만 기억하셔서 남은 생도 책임져 주시옵소서.

　우리가 떠난 자리엔 그 이름이 아름다움으로 남게 하소서.

　잠언 저자도 '너는 내일 일을 자랑하지 말라. 하루 동안에 무슨 일이 일어날는지 네가 알 수 없음이니라'라고 하셨습니다. 오늘 하루 족한 삶 또 내일을 주시는 선물에 감사하게 하소서.

우리 교회가 겸손히 주님을 바라보며 나아가게 하옵소서. 우리 교회가 말씀 듣고 행하는 자가 되어 반석 위에 굳건히 세워 말씀이 깊이 뿌리박아 흔들리지 않는 믿음 주셔서 하나님만이 우리의 기쁨이 되고 행복이 되게 하옵소서.

교회를 지켜 주심에 감사드립니다. 적은 숫자의 성도님들을 영의 양식을 먹이시려 애쓰시는 목사님께 근심 걱정 없게 하옵시고 새벽마다 하나님께 올리는 기도가 상달되어 응답이 속히 오게 하옵소서. 감사드리며 예수님의 이름으로 기도드립니다. 아멘.

2019. 11. 22.

"주께서 생명의 길을 내게 보이시리니
주의 앞에는 충만한 기쁨이 있고
주의 오른쪽에는 영원한 즐거움이 있나이다"
(시편 16:11)

    지난 주일 은혜와 감사가 넘치는 추수감사절로 하나님께 영광 돌리고 이웃에 기쁨을 주며 의미 있는 즐거운 날을 허락하시고 오늘도 주님 전으로 인도하셔서 찬양과 기도로 예배드릴 수 있게 하시니 감사드립니다. 또 한 해가 저물어 갑니다. 평강과 감사의 열매를 걷을 수 있도록 도와주옵소서.
    우리의 죄를 외면하지 않으시고 많고 많은 사람들 중에 우리를 택하셔서 자녀 삼아 사랑으로 베푸신 은혜 너무도 감사드립니다. 우리가 본의 아니게 지은 죄, 알고도 욕심 때문에 지은 죄 있다면 깨닫게 하시고 용서하여 주시옵소서.
    이제 추운 겨울이 오매 불우한 이웃과 소외된 자들에게 우리의 발걸음을 향하게 하시고 나눌 수 있는 마음을 주시옵소서. 잠언에도 가난한 사람을 학대하는 자는 그를 지으신 이를 멸시하는 자요 궁핍한 사람을 불쌍히 여기는 자는 주를 공경하는 자니라 했습니다.

몇 년 전 가게 할 때 자주 찾아오는 재활 화장지 판매원이 있었습니다. 밥도 간식도 주고 매번 팔아 주다가, 너무 자주 오고 화장지 질이 안 좋아 기름때 낀 팬밖에 쓸 수가 없어서 돈만 3천 원 준다니까 절대 안 된다고 떼를 써서 팔아 줬습니다. 한번은 목소리가 커서 옆 가게에 오는 소리를 듣고 시장 갔다 하라 하고 숨어 버렸는데도 끝내 안 가서 팔아 주고 양심에 후회한 적이 있었습니다. 입으로는 이웃 사랑 소외된 자 돕는다 하면서 오천 원 때문에 기도대로 살지 못한 것을 회개했습니다.

하나님, 우리 교회가 말씀을 사모하여 복 받는 성도 되게 하옵소서. 이 시간 목사님 성령 충만케 하옵시고 전하는 말씀이 생수가 되어 말씀대로 살아 내는 성도 되게 하옵소서. 우리에게 맡겨진 사명 잘 감당하게 하시고 그리스도인으로서 선한 영향력을 발휘하여 많은 사람에게 유익과 즐거움을 주는 성도 되게 하옵소서. 감사드리며 예수님의 이름으로 기도드렸습니다. 아멘.

2019. 11. 29.

"그리하면 여호와 그가 네 앞에서 가시며 너와 함께 하사 너를 떠나지 아니하시며 버리지 아니하시리니 너는 두려워하지 말라 놀라지 말라" (신명기 31:8)

    천지를 창조하시고 역사의 주인이 되셔서 만물을 섭리하시는 하나님, 지난 며칠간도 저희들을 세상에서 지켜 주셨다가 이 밤 주님 전에 모여 하나님의 은혜와 사랑을 사모할 수 있게 하셔서 감사드립니다.

    우리의 심령 속에 주님 오셔서 진리의 빛과 예수님의 향기를 채워 주시고 삶의 용기와 지혜를 얻게 하소서.

    내가 세상 끝날까지 너희와 항상 있으리라 하신 주님, 하나님께 영광 돌리는 이 시간도 우리에게 오셔서 뜨겁게 성령 역사하여 주시옵소서.

    지난 5일간도 우리의 입술로 상처 주는 죄를 범했다면 인자하신 하나님께서 회개하는 우리들의 죄를 사하여 주옵시고 선으로 악을 이기는 능력을 주시옵소서.

    하나님 앞에 신실하게 인정받는 성도 되어 우리를 위해 십자가에 돌아가신 예수님의 사랑처럼 우리도 조건 없이 순수하게 나눔을 실천하는 믿음의 자녀 되길 원합니다. 일상적인 형식과 외식에 치우치지 않고 주님의 뜻대로 빛과 소금의 역할을 감당하여 살아가도록 인도하여 주시옵소서.

하나님, 이 나라에 위정자들을 기억하셔서 그들이 하나님을 두려워하게 하옵시고, 북한 땅에도 자유롭게 하나님을 믿는 복음이 전파되어서 무너진 하나님의 전이 수축되어 영적 부흥의 역사를 허락하셔서 믿음이 회복되게 하옵소서.

정치가 어수선하고 경제가 어렵더라도 불안해하거나 낙심하지 않고 하나님을 바라보게 하옵시고 믿는 자들이 먼저 깨어 기도할 수 있게 하옵소서.

하나님 뜻이 계셔서 이곳에 교회를 세우시고 지켜 주셨으니 감사드립니다. 우리 교회가 그리스도의 향기가 나타나는 교회 말씀 앞에 믿음으로 행하게 하옵시고 감사함으로 즐거워하게 하시고 영혼 구원의 사명을 잘 감당하게 하옵소서.

이 시간 말씀 받들어 단 위에 서신 목사님 전신갑주를 입히시고 말씀을 듣는 우리 은혜의 자리 되게 하옵소서. 이 지역 복음이 부흥되도록 발걸음을 인도하옵소서. 예수님의 이름으로 기도드립니다. 아멘.

2019. 12. 01.

"나의 영혼아 잠잠히 하나님만 바라라
무릇 나의 소망이 그로부터 나오는도다"
(시편 62:5)

　엿새 동안은 힘써 네 모든 일을 행할 것이나 일곱째 날은 하나님 여호와께서 하신 안식일인즉, 복되게 하여 그날은 거룩하게 하시고 안식일을 기억하여 거룩하게 지키라 하신 하나님. 거룩한 주일 주님 전으로 예배 인도 하시니 진정 감사와 영광을 드립니다. 우리의 마음과 뜻과 정성을 다하여 주님을 찬양하게 하옵시고 십자가의 은혜를 누리며 날마다 천국에 소망을 두고 살아가게 하옵소서.
　한량없는 사랑으로 우리를 인도하시는 능력의 하나님, 우리에게 주신 은혜와 사랑을 감사드립니다. 하지만 감사 중에도 주님의 뜻대로 살지 못했음을 고백합니다. 미움도 있었고 욕심도 있었고 남을 정죄하는 죄도 있었습니다. 회개하오니 용서하여 주시옵소서.
　우리의 약함을 통해 하나님의 능력으로 강함을 주시옵고, 선한 계획을 이루어 가며 말씀 앞에 영적 분별력을 허락하셔서 지혜를 구하는 성도 되게 하옵소서.

하나님, 오래전 이곳에 교회를 세우셨고 하나님의 인도하심에 저희를 불러 주셔서 복음으로 공동체를 이루시니 감사드립니다. 바울이 홀로 고린도에서 복음을 전할 때 로마 황제가 유대인을 추방하여 하나님께서 아굴라와 브리스길라 부부를 동역자로 삼아 주셔서 수많은 고린도 사람들이 말씀 듣고 세례를 받은 것처럼, 우리에게 참된 동역자를 세우셔서 바울처럼 말씀 앞에 붙잡혀 복음을 전할 수 있는 놀라운 기적이 일어나게 하옵소서.

하나님의 섭리 인도하심에 생업이 같은 천막 짓는 자를 만나게 하신 하나님의 능력이 우리에게도 임하여 주시옵소서. 그리하여 우리 교회가 이 지역에 많은 영혼들을 위해 축복의 통로가 되게 하시고 하나님의 복을 받는 공동체가 되게 하옵소서.

단에 세우신 목사님 영육 간에 강건하게 하시고 말씀이 선포될 때 한 말씀도 땅에 떨어지지 않고 우리의 심령 가운데 심기도록 풍성한 열매 맺게 하옵소서. 감사드리며 예수님의 이름으로 기도드렸습니다. 아멘.

2019. 12. 08.

"그러므로 이제 그리스도 예수 안에 있는 자에게는
결코 정죄함이 없나니
이는 그리스도 예수 안에 있는 생명의 성령의 법이
죄와 사망의 법에서 너를 해방하였음이라"
(로마서 8:1-2)

　사랑과 은혜가 풍성하신 하나님, 우리로 하여금 주님을 경외하며 찬양할 수 있게 하셔서 감사드립니다. 세상 속에서 우리를 지켜 주시고 주님 전으로 인도하여 주시니 하나님께 경배와 찬양과 영광을 드립니다.
　말씀이 그립고 사모하는 마음이 있어 나왔습니다. 보잘것없는 우리를 잠잠히 사랑하시며 너는 내 것이라 지명하여 불러 주셨는데 주님을 사랑한다고 입술로는 수없이 했지만 주님을 모른다고 부인했던 베드로처럼, 우리 또한 때때로 주님을 외면하여 세상길로 가진 않았는지 뒤돌아보니 너무도 부끄럽습니다. 이 시간 회개하오니 용서하여 주시옵소서.
　우리의 연약함을 도우시고 마음과 생각을 지켜 주시는 영원토록 변함없으신 하나님의 사랑, 죄까지도 용서하여 주심을 감사드립니다. 다시금 죄의 자리에 서지 않게 하시고 남을 나보다 높게 여겨 돌아보며 사랑과 선행을 실천하게 하옵소서.

하나님, 우리 교회 성도님들 기억하여 주시옵소서. 몸과 마음, 건강 지켜 주셔서 각 가정이 먼저 작은 천국의 소망을 맛보게 하시고 기도의 제목들이 하나님 앞에 상달되어 응답되게 하옵소서.

하나님, 이 나라를 긍휼히 여기시옵소서. 의롭게 행하는 자, 정직히 말하는 자, 토색하는 재물을 가증히 여기는 자, 뇌물을 받지 아니하는 자, 꾀를 듣지 아니하는 자, 눈을 감아 밭을 보지 아니하는 자는 높은 곳에 거하고 견고한 바위가 보장된다고 하셨는데, 지존하신 하나님 이 땅에 공의와 정의로 바로 서게 하셔서 의식주가 해결되는 것만으로도 감사하며 욕심 없는 참된 평화가 임하게 하옵소서.

학교에서 윤리 도덕을 배운다 해도 하나님 말씀만 못한 것을, 모든 위정자들이 하나님을 믿어 계명대로 살아 행복한 나라 되게 하옵소서.

이 시간 말씀 선포하실 목사님께 건강하심도 책임져 주셔서 권세와 영감을 더하시고 주시는 말씀이 갈급한 우리의 심령 위에 생수되게 하옵소서. 말씀에 힘입어 거듭나는 삶이 되기 원하오며 예수님의 이름으로 기도드렸습니다. 아멘.

2019. 12. 15.

"내가 그들에게 영생을 주노니 영원히 멸망하지 아니할 것이요
또 그들을 내 손에서 빼앗을 자가 없느니라
그들을 주신 내 아버지는 만물보다 크시매
아무도 아버지 손에서 빼앗을 수 없느니라"
(요한복음 10:28-29)

하나님도 한 분이시요 중보자 예수님도 한 분이시온데 죄인인 우리를 사랑하시며 오늘도 우리의 중보를 담당하셔서 주님 전으로 인도하시니 감사드립니다. 이 예배가 하나님께 찬양과 영광되게 하옵소서.

한 해가 지나가는 마지막 달 성탄의 기쁨에 앞서 성령의 열매 9가지를 얼마나 이루어 왔는가 먼저 숙연해집니다. 진정 하나님 앞에 내가 바로 섰는가, 믿는 자의 거울이 수치스럽지는 않았는지, 주님 앞에 내려놓지 못한 부족한 우리의 모습 용서하여 주시옵소서. 여호와를 경외한다면 이웃을 사랑함이 크고 둘째 되는 계명이요 강령이자 하셨음에, 추운 겨울 이웃을 돌아보며 섬기는 삶 되게 하옵소서.

하나님, 우리의 장단점까지도 있는 모습 그대로 사랑하시며 외모가 잘나고 지식이 많아서 쓰신 게 아니고 하나님의 능력에 붙잡힘을 받아 쓰시기 위해 부르셨음에 하나님의 용도에 맞게 사용하실 수 있는 질그릇 되게 하옵소서.

나는 심었고 아볼로는 물을 주었으되 오직 하나님께서 자라나게 하셨나니 그런즉 심는 이나 물 주는 이는 아무 것도 아니로되 오직 자라게 하시는 이는 하나님뿐이니라(고린도전서 3:6-7)

각자의 일한 달란트대로 상을 주시길 원하오며 우리로 하여금 복음의 씨앗을 좋은 밭에 뿌려 많은 열매를 맺게 하옵소서. 하나님의 동역자들 바울과 아볼로처럼 해외 각처에서 선교하시는 선교사님들에게 좋은 동역자를 세우시고 후원의 손길이 끊어지지 않게 도와주옵소서.

하나님, 이 시간 간구합니다. 우리 교회를 기억하셔서 모이기에 힘써 오순절 마가의 다락방에서 뜨거운 역사가 임했듯이 믿음으로 뭉쳐 성령의 역사가 불붙게 하옵소서. 살아감에 있어 문제의 해답을 말씀에서 찾게 하옵시고 믿음과 지혜를 주셔서 신실함으로 무릎 꿇는 성도 되게 하옵소서.

단에 세우신 목사님 성령 충만으로 강건하게 붙잡아 주시옵고 말씀 선포하실 때 성령께서 함께하시어 우리들의 영혼을 깨우쳐 변화되게 하옵소서. 어디를 가시든 불기둥과 구름기둥으로 인도하시어 어려움 없게 늘 동행하여 주시옵소서. 감사드리며 예수님의 이름으로 기도드립니다. 아멘.

2019. 12. 20.

"평강의 주께서 친히 때마다 일마다
너희에게 평강을 주시고
주께서 너희 모든 사람과 함께 하시기를 원하노라"
(데살로니가후서 3:16)

 공평과 정의를 행하시는 주님, 하나님의 놀라우신 구원 계획 가운데 값없이 내주신 예수님의 피로 말미암아 구원과 평안을 누리게 하시고 오늘도 주님의 머리 되신 교회로 인도하시니 감사드립니다.
 지난날에 우리가 누린 하나님의 은혜와 축복을 생각하며 인내와 연단 위에 소망을 꿈꾸는 자 되게 하옵소서. 세상과 타협하여 종노릇 하지 않도록 죄를 멀리하여 하나님의 자녀로서의 기쁨을 누리게 하옵소서.
 언제나 기도로 늘 선한 것과 하나님의 뜻을 간구하지만 때로는 입술에 그치고 마는 것을 용서하여 주시옵소서.
 여호와께서 집을 세우지 아니하시면 세우는 자의 수고가 헛되다고 하였는데 하나님께서 우리의 마음을 감화시키셔서 하나님의 능으로 깨달음과 회개가 있어 우리의 삶이 주님께 맡겨지는 은혜를 더하여 주시옵소서.

이제 예수님의 탄생 성탄절이 가까워 오고 있습니다. 믿지 않는 사람도 예수님의 탄생 크리스마스를 알지만 세상 향락에 즐거워합니다. 성탄절을 맞아 안 믿는 사람들이 예수님이 누구인지 의문을 갖고 교회의 십자가를 보고 문을 두드리는 놀라운 변화가 있게 하옵소서.

하나님, 세계 곳곳에서 난리와 전쟁이 끊이지 않고 있습니다. 만 백성이 예수님의 탄생을 기쁘게 맞이하여 온 세상이 평화가 임하게 하옵소서.

앞에서 교회를 이끌어 가시는 목사님께 영육 간의 강건하심으로 축복하여 주시옵고 이 해의 결산과 새해의 계획하심이 어려움 없게 하옵소서. 감사드리오며 예수님의 이름으로 기도드리옵나이다. 아멘.

2019. 12. 21.

"선을 행하고 선한 사업을 많이 하고 나누어 주기를 좋아하며
 너그러운 자가 되게 하라"
(디모데전서 6:18)

 하나님, 오늘도 새벽을 깨우시고 기도로 하루의 시작을 열게 하시며, 주님 전으로 인도하셔서 예배를 드릴 수 있게 하시니 감사드립니다. 주님의 자녀로서 누릴 수 있는 특권으로 하나님께 영광 돌리게 하옵소서.

 구하라 그리하면 너희에게 주실 것이요 찾으라 그리하면 찾아낼 것이요 문을 두드리라 그리하면 너희에게 열릴 것이니(마태복음 7:7)

 우리 교회를 지켜 주신 하나님. 우리에게 구할 때마다 얻고 찾을 때마다 발견되고 두드릴 때마다 열리는 기도의 응답이 하나님의 영광과 소외된 이웃을 위한 응답이 되게 하옵소서.
 2019년도 며칠 남지 않은 마지막 달, 모세의 기도처럼 신속히 지나가니 날아가나이다. 한 해의 결산이 하나님 앞에 드러나지 않음이 없는데 너무도 죄송한 것뿐입니다.

하나님, 우리의 모든 것을 다 아시오매 마음속 깊은 곳에 있는 우상을 다 제거하여 주시옵소서. 심은 대로 거두게 하시는 하나님, 심지도 않고 거두려는 우리가 되지 않게 도와주시옵소서.

가장 낮은 곳에서 우리에게 오신 예수님, 우리가 예수님 닮아 가려는 마음으로 나를 낮추고 남을 높일 수 있는 지혜를 주시옵소서.

보내는 해를 회고해 보고 2020년도에는 더욱 알찬 계획과 교회가 온 마을에 빛을 발하게 하옵소서. 새해를 맞이하는 우리의 준비가 하나님의 계획 가운데 이루어 가게 하옵소서.

이 시간 말씀 전하실 목사님께 성령 충만케 하시옵고 말씀 위에 은혜를 더하여 주셔서 우리의 심령이 감사와 기쁨으로 주님을 만나게 하옵소서. 감사드리오며 예수님의 이름으로 기도드립니다. 아멘.

2020. 01. 03.

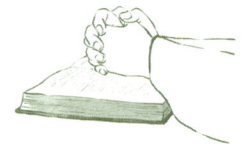

"내가 주께 감사하옴은 나를 지으심이 심히 기묘하심이라
주께서 하시는 일이 기이함을 내 영혼이 잘 아나이다"
(시편 139:14)

   하나님 감사합니다. 이 시간을 기억하여 하나님 앞에 감사와 찬양으로 예배드릴 수 있도록 인도하시니 감사드립니다. 일용할 양식을 주시고 부족한 것조차 미리 채워 주시는 하나님, 감사의 조건을 세어 보면 어느 것 하나 감사하지 않을 수 없는데, 때론 긍정보다 부정적인 시선으로 사물을 보았음을 용서하여 주시옵소서.
   소자 하나에게 냉수 한 그릇을 주는 자까지 다 기억하시겠다고 하신 주님, 또 주는 것이 받는 것보다 복이 있다고 하신 주님, 우리는 하나님의 피조물임을 깨달아 겸손하고 온유한 태도로 이웃을 섬기는 자 되게 하옵소서.
   선물을 받으면 무엇으로 보답해야 하는 부담이 될 때도 있지만 주는 것은 받는 자의 기쁨과 주는 자의 즐거움이 함께하기에 우리로 하여금 주는 자 되게 하여 주옵소서.
   오래전 추운 겨울 어느 날 버스 종점 정류장에서 허름한 젊은이를 보았습니다. 위에는 티 하나, 바지에다 두 줄무늬의 여름 슬리 퍼, 한쪽엔 양말을 신고 한쪽은 없는 채 다리를 꼬고 의자에 웅크리고 앉아 있었습니다. 배낭 속에 아들 주려고 싼 김밥이 두 줄 있어서 살며시 다가가 "나한테 김밥이 있는데 드릴까요" 했더니 "네" 하기에 주었습니다. 따뜻한 물이 있으면 좋겠다 싶어 "커피나 율무차 어느 것 뽑아 줄까요?" 했더니 어느새 버스 기사가 "내가 뽑고 있어요" 하셨습니다. 나는 "감사합니다"라고 인사를 했습니다. 집에 와 생각하니 아쉬움이 남았습니다. 나는 털 부츠인데 양말이라도 벗어 신겨 주고 올걸…. 그도 그렇게 되고 싶은 것은 아닐 텐데, 부모님의 사랑 안에서 태어났을 텐데….

하나님, 온 지구상에 굶은 자 없게 하옵소서. 하나님은 돕는 자를 스스로 돕는다는 생각이 났습니다. 자비로우신 하나님, 있는 자 권위적인 자에게 머리를 숙이는 것이 아니라 약한 자에게 손을 내밀 수 있는 미덕을 주시옵소서.

우리 교회가 맡은 사명 소명 잘 감당케 하시고 나누며 섬기는 성도 되게 하옵소서.

말씀 붙잡고 단에 서신 목사님 새해 계획과 비전이 하나님께 영광되게 하옵시고 영적 눈이 어두운 우리는 목자의 음성 잘 듣고 따르는 양들이 되어 믿음의 부자가 되게 하옵소서. 예수님의 이름으로 기도드리옵나이다. 아멘.

2020. 01. 10.

"즐겁게 소리칠 줄 아는 백성은 복이 있나니
여호와여 그들이 주의 얼굴 빛 안에서 다니리로다
그들은 종일 주의 이름 때문에 기뻐하며
주의 공의로 말미암아 높아지오니"
(시편 89:15-16)

    이 땅에 살아가는 우리에게 대자연의 질서를 보여 주시고 무한하신 능력으로 사랑을 주시니 감사드립니다. 이 시간 하나님께 드리는 예배가 하나님께 영광이 되고 우리에겐 길과 진리와 생명이 됨을 믿게 하옵소서.
    불 가운데 타고 있는 나무들처럼 영원히 소멸될 수밖에 없는 죄인인 저희가 하나님의 선하시고 기뻐하시고 온전하신 뜻에 따라 구원을 받고 성령으로 새롭게 변화받아 하나님의 자녀로 세우심을 감사드립니다. 구원받은 사실 때문에 자만하지 않게 하시고 죄인임을 상기시키셔서 언제나 겸손하게 하나님께 감사하는 마음이 넘치게 하옵소서.
    공의로우시고 구원을 베푸시며 나귀를 타시고 오신다던 구약의 예언 성취를 이루신 주님, 나는 온유하고 겸손하니 멍에를 메고 내게 배우라 하셨는데 멍에는 짐이라 생각하고 말씀을 게을리했던 우리를 용서하여 주시옵소서.

하나님, 이 나라를 긍휼히 여겨 주시옵소서. 누군가 말하기를 양심의 목소리를 내라 양심보다 무서운 증인은 없다고. 너무도 세상이 혼탁합니다. 우리는 기도로써 하나님만 의지하오니 분별력 없는 자들에게 바른 양심으로 하나님을 두려워하게 하옵소서.

지구의 온 세계가 전쟁 없는 평화를 이루게 하옵소서.

하나님 감사합니다. 사랑하는 우리 교회 보내 주심이 반년이 넘었습니다. 적은 숫자의 공동체지만 각자 다른 모습, 성격, 달란트를 주셨으되 사랑으로 하나 되게 하시고 사랑으로 서로 보듬게 하시니 감사드립니다.

교회 나오세요 외치지 않더라도 우리가 이웃에 전하는 사랑과 언행이 예수님을 전하는 전도지가 되어 놀라운 기적이 일어나게 하옵소서.

하나님, 우리 교회를 이끌어 가시는 목사님께 우리가 힘이 되길 원합니다. 주님이 가신 길 외로운 십자가의 길 바르게 읽고 배우고 가르치시려 애쓰시는 목사님께 성령의 오른팔로 붙잡아 주시옵소서. 새해의 소망이 우리 성도님들과 함께 이루어지게 하옵소서. 감사드리며 예수님의 이름으로 기도드립니다. 아멘.

2020. 01. 13.

"그가 빛 가운데 계신 것 같이 우리도 빛 가운데 행하면
우리가 서로 사귐이 있고
그 아들 예수의 피가 우리를 모든 죄에서 깨끗하게 하실 것이요"
(요한1서 1:7)

    복의 근원이신 하나님 진정한 복은 하나님께 속한 것을 믿기에 오늘도 주님 앞에 복된 삶을 살고자 주님 전에 나왔습니다. 아버지라 부를 수 있는 택한 자의 부르심으로 하나님께 영광 돌립니다.
    하나님, 감사할 것이 미움보다 너무도 많기에 세상은 더 살맛 나는 천국의 모형 같습니다. 세상에 살면서 천국을 맛보며 하늘나라 소망을 꿈꾸게 하옵소서.
    각자의 생활 터전에서 열심을 다해 살다가 주님 전으로 부르셔서 말씀 듣게 하시니 하나님 감사합니다. 이 시간 습관처럼 교회를 찾는 것이 아니라 진정 찬양과 말씀에서 깨우침과 감사와 회개가 있게 하옵시고, 회개에 합당한 열매를 맺게 하옵소서.
    심령이 가난한 자 복이 있다 하셨는데 우리의 마음이 주님의 마음을 닮아 복음의 씨앗이 심어지게 하옵소서.

이 백성이 입술로는 나를 공경하되 마음은 내게서 멀도다(마태복음 15:8)

사람의 계명으로 교훈을 삼아 가르치니 나를 헛되이 경외한다고 책망하셨던 주님, 우리가 입으로만 주여 주여 하지 않도록 주님을 경외하며 살아가는 성도 되게 하옵소서.

현실에선 사람의 계명이 더 쉬워 그릇 딴 길로 갈 데가 있었음을 고백합니다. 우리의 허물을 용서하여 주시옵소서.

하나님 감사합니다. 아픈 자 때를 놓치지 않고 치료하게 하시고 온전하게 치료받아 예배드릴 수 있도록 하시니 감사드립니다. 우리의 영과 육이 건강해져 하나님께 열심을 다할 수 있도록 도와주시옵소서.

신종 코로나바이러스가 세상을 공포에 떨게 합니다. 사망자가 더 이상 늘어나지 않고 확산되지 않도록 속히 의사, 연구진들이 지혜를 모아 백신을 만들 수 있도록 도와주시옵소서.

말씀 대언하실 목사님 단에 세우실 때 영육 간에 강건함을 주시옵고 세워진 계획들이 주님의 뜻 안에서 어려움 없이 이루어질 수 있도록 은혜를 더하여 주시옵소서. 말씀이 옥토에 심어져 말씀대로 살아 내기 원하오며 감사드리옵고 예수님의 이름으로 기도드렸습니다. 아멘.

2020. 01. 17.

"너희는 그 은혜에 의하여 믿음으로 말미암아
구원을 받았으니 이것은 너희에게서 난 것이 아니요
하나님의 선물이라 행위에서 난 것이 아니니
이는 누구든지 자랑하지 못하게 함이라"
(에베소서 2:8-9)

　우주 만물의 창조주이신 하나님 오늘도 우리가 살아 있음에 감사드립니다. 신령과 진정으로 찬양과 기도 예배 인도하시니 감사드립니다.
　믿음으로 구원을 받았으나 우리가 정직하고 성실해서가 아닌 하나님의 은혜의 선물임을 깨닫고 외식하는 자, 겉만 치장하는 보이기 위한 삶이 아니라 진리의 말씀으로 구원을 완성해 가는 성도 되게 하옵소서.
　우리 안에 연약함도 있고 유혹도 있고 때론 탐욕도 있습니다. 사회와 타협하면 때로는 즐거움도 있고 이익도 있을 수 있으나 그 즐거움은 한순간임에도 불구하고 영원한 양식 말씀을 소홀히 했음을 용서하여 주시옵소서.

악은 스스로 존재하는 것이 아니고 선의 결핍이라고 합니다. 하나님, 선으로 우리 안에 꽉 채워져서 악이 비집고 들어오지 못하도록 지켜 주시옵소서.

새해를 맞이했습니다. 계획은 지키려고 세우지만 우리는 연약하고 무지하고 자기 욕심에 흔들릴 때가 많음을 고백합니다. 그럴 때마다 채찍질하여 주셔서 빠른 회개로 주님 앞에 바로 서게 하옵소서.

하나님 진정 사랑합니다. 지금까지 우리 교회를 사랑하여 주시고 지켜 주심에 감사드립니다. 각 가정마다 하나님 탐방하셔서 위로와 치료해 주시고 주님 한 분만으로 기쁨이 넘치는 행복한 가정 되게 하옵소서.

적은 양 떼를 이끌어 가시기에 더 힘드실 목사님께 성령 충만 하심으로 채워 주시고 하나님께서 주신 권능으로 새해의 첫발의 결실이 이루어질 때까지 어려움 없게 인도하여 주시옵소서. 대언하실 말씀 앞에 우리의 믿음이 부요케 하시고 우리의 소명을 잘 감당하게 하옵소서. 감사드리며 예수님의 이름으로 기도드립니다. 아멘.

2020. 01. 19.

"야곱아 너를 창조하신 여호와께서 지금 말씀하시느니라
이스라엘아 너를 지으신 이가 말씀하시느니라
너는 두려워하지 말라 내가 너를 구속하였고
내가 너를 지명하여 불렀나니 너는 내 것이라"
(이사야 43:1)

　하나님, 모든 것이 다 감사합니다. 계절 따라 피는 꽃 속에서도 하나님의 진리를 보며, 계절 따라 갈아입히시는 색깔에서도 하나님의 무한하신 오묘함과 신비로우심을 봅니다. 우리는 할 수 없으나 하나님께서는 모든 것을 하실 수 있으심에 진정 감사와 감탄으로 예배드리오니 기뻐 받으시옵소서.
　예물을 제단에 드리다가 형제에게 원망 들을 만한 일이 생각나면 먼저 화해하고 와서 예물을 드리고, 분을 내어도 해가 지도록 품지 말라시며 원수 갚는 일은 내게 있으니 용서하고 기도하라 하셨나요?
　하지만 하나님, 우리는 관용과 용서 앞에 무너질 때가 있음을 고백합니다. 우리를 지으신 이의 눈앞에 만물이 벌거벗은 것같이 드러나지 않음이 없다 하셨는데 때로는 가식으로 하나님을 외면하며 나를 포장하고자 했던 마음이 많았음을 용서하여 주시옵소서.

　너희가 기도할 때에 믿고 구하는 것은 다 받으리라 하신 주님, 하나님 앞에 구하옵나니 간구보다 앞서 하나님께서 모든 것을 주셨음에, 하나님이 우리에게 주실 것이 무엇인가를 생각하기보다 우리가 하나님께 드릴 것이 무엇인가를 먼저 생각나게 하옵소서.

　너희는 먼저 그 나라와 그 의를 구하라 하셨는데 하나님의 뜻을 알아 가게 하옵시고 행하게 하옵소서. 자유롭게 어디든 갈 수 있는 이 땅에서, 묵은 밭을 갈아엎고 복음의 씨앗을 뿌려 성령의 열매를 거둘 수 있도록 주 안에서 능력 주시옵소서.

　하나님, 우리 교회가 반석 위에 든든히 서가는 교회 되기 원합니다. 흔들리지 않는 뿌리 깊은 나무 되기 원합니다. 마음과 뜻이 하나 되어서 서로 사랑하며 위로하며 나누며 섬기는 교회 되게 하옵소서.

　하나님 우리는 때때로 말씀이 어려워 내 뜻대로 해석하기도 합니다. 목사님의 말씀을 듣고도 내 해석이 틀렸구나 깨닫기도 합니다. 바른 해석으로 전하시는 목자의 음성을 바르게 깨닫고 바른 믿음으로 말씀이 양식이 되게 하옵소서.

　단에 세우신 목사님 영육 간에 강건함을 주시옵고 말씀 앞에 합당한 순종의 양들이 되게 하옵소서. 감사드리오며 예수님의 이름으로 기도드립니다. 아멘.

2020. 02. 21.

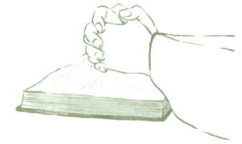

"나의 영혼아 잠잠히 하나님만 바라라
무릇 나의 소망이 그로부터 나오는도다"
(시편 62:5)

　사랑과 은혜의 하나님, 오늘도 저희를 잊지 아니하시고 주님 전으로 부르셔서 예배의 자리로 인도하시니 감사드립니다. 하나님께 영광 올립니다. 내가 의인을 부르러 온 것이 아니요, 죄인을 불러 회개시키러 왔노라 하신 주님. 참으로 우린 주님 앞에 죄인입니다. 용서하여 주옵시고 주님 앞에 죄를 낱낱이 회개함으로 사함을 받아 믿음으로 순종하며 바로 서가는 교회 되게 하옵소서. 먼저 믿는 우리 공동체의 성도님들 서로 사랑하게 하옵시고 나가서 이웃에게 사랑을 전하며 행한 일이 모든 선한 일에 열매 맺게 하옵소서.
　나무 한 그루로 성냥개비 백만 개를 만들 수 있지만, 나무 백만 그루를 태우는 데는 성냥개비 한 개면 족하다고 합니다. 문명이 발달할수록 질병도 동행하는 이때에 마지막 날 사람을 창조하시고 좋았더라 하신 하나님. 그 능력으로 더 이상 인명 피해가 없도록 세계 연구진에게 지혜를 주시옵소서. 속히 백신이 개발되어 더 이상 확산되지 않기를 기도합니다.

하나님 감사합니다. 우리 교회를 변함없이 사랑해 주시고 소멸되지 않는 믿음으로 지켜 주시니 너무도 고맙습니다. 모든 것이 우리의 능력으로 되는 것이 아니기에 하나님이 능력 주셔서 그 안에 거하며 하나님의 기뻐하시는 길을 갈 수 있도록 늘 동행하여 주시옵소서.

열심을 다해 기도와 눈물로 교회를 지켜 오신 목사님께 구하기 전에 미리 채워 주시는 하나님께서 주님의 일 하시는 데 어려움이 없도록 늘 함께하시기를 기도합니다. 한 말씀이라도 더 영의 양식을 먹이시려는 목사님을 늘 강건하게 붙잡아 주시옵소서. 감사드리오며 예수님의 이름으로 기도드렸습니다. 아멘.

2020. 02. 28.

"예수께서 이르시되 나는 부활이요
 생명이니 나를 믿는 자는 죽어도 살겠고"
(요한복음 11:25)

    지난날도 주님 안에서 보호하시고 인도하셔서 말씀과 찬양과 기도가 있게 하시니 감사합니다. 하나님께 영광 올리는 귀한 시간 되게 하옵소서.

    참으로 코로나로 인하여 많은 사람이 고통을 받고 있습니다. 자고 나면 새로운 소식이 있으려나 날마다 기쁜 소식 기다리다 정말 갑갑합니다. 물질로도 몸으로도 도울 수 없는 자이지만 기도로 간구하오니 더 이상 희생자가 나지 않도록, 더 이상 확산되지 않도록 도와주시옵소서. 온 국민이 온정과 도움으로 극복할 수 있도록 용기를 주시옵소서.

    그런즉 너희는 먼저 그의 나라와 그의 의를 구하라 그리하면 이 모든 것을 너희에게 더하시리라(마태복음 6:33)

진정 우리를 사랑하시는 하나님. 하나님께 먼저 영광과 감사드리기보다, 하나님의 뜻에 부응하기보다, 하나님을 좀 더 알아 가려 하기보다, 우리의 탐심 우상 때문에 우리에게 채울 것을 먼저 구했습니다. 하나님 용서하여 주시옵소서.

우리가 구원을 받았으나 마귀는 언제나 틈을 타려 합니다. 그들이 좋아하는 것은 선이 무너지는 것이기에, 하나님 우리를 성령의 오른팔로 굳게 붙잡아 주시옵소서. 악에 무너짐이 없는 승리의 삶을 살아가게 하옵소서.

하나님 감사합니다. 사랑으로 지켜 주신 이 교회를 이 지역에 세우셔서 이웃과 함께 아름다운 교제를 나누게 하시니 고맙습니다. 하나님의 뜻에 어긋나지 않게 사명 감당할 수 있는 우리 교회 되게 하옵소서. 성도님들 가정마다 주님이 함께하시기에 행복과 기쁨이 넘치는 가정 되길 날마다 기도합니다. 하나님 지켜 주실 줄 믿습니다.

오늘도 단에 세우신 목사님께 하나님 성령으로 덧입혀 주옵시고 많은 동역자 협력자 세우셔서 말씀이 살아 있는 교회, 복음이 샘솟는 부흥의 역사가 일어날 수 있도록 함께하여 주시옵소서. 늘 건강 지켜 주셔서 더 아름다운 계획과 실천이 이 지역 성령의 열매로 맺어지게 하옵소서. 감사드리오며 예수님의 이름으로 기도드렸습니다. 아멘.

2020. 05. 08.

"그리하면 모든 지각에 뛰어난 하나님의 평강이
그리스도 예수 안에서
너희 마음과 생각을 지키시리라"
(빌립보서 4:7)

어제나 오늘이나 영원토록 동일하신 하나님. 하나님을 경외하는 마음으로 주님 전에 인도하시니 감사드립니다.

오직 선을 행함과 서로 나누어 주기를 잊지 말라 하나님은 이같은 제사를 기뻐하시느니라(히브리서 13:16)

하나님, 우리가 선을 행함과 나눔에 있어서 먼저 나를 세움이 있었다면 용서하여 주시옵소서. 우리 교회가 주님의 일을 하는 공동체로서 내가 한 것이 아니요, 믿음 안에서 사랑의 공동체인 우리가 하나님의 일을 기쁨으로 감당하는 성도임을 믿게 하옵소서.

우리는 주님 앞에 지극히 작은 자입니다. 내세울 것 하나 없는 연약한 존재입니다. 하나님께서 능력 주시지 않으시면 아무것도 할 수 없습니다. 시시때때로 삶의 현장에서 진리의 말씀이 생각나게 하시고 지혜를 주셔서 내 속에 품고만 있는 지식 지혜가 아니라 나눌 수 있는 기쁨의 교제가 되게 하옵소서.

환난 중에서 코로나를 극복해 나가게 하시는 하나님께 감사합니다. 평탄한 삶에선 갈급함이 없었고 시험과 고난이 있을 때만 간절히 주님을 찾았던 우리가 아니었나 고백합니다.

하나님, 이후로 말씀 앞에 더욱 순종하며 기도로써 자신을 다스리고 기도로써 세상 유혹을 이겨 나갈 수 있는 믿음을 주시옵소서.

우리 지체가 하는 일이 다 다르듯이 우리 교회 성도님들 적은 수지만 각자의 주신 달란트로 하나의 공동체 안에 큰 능력 이룰 수 있는 동역자 되게 하옵소서.

교회를 묵묵히 지켜 오신 목사님 기억하셔서 전능과 성령으로 덧입혀 주시옵고 적은 재정이지만 어려움 없게 하셔서 계획된 목표가 하나님의 뜻에 응답되게 하옵소서. 말씀 선포하실 때 아멘으로 화답하는 귀한 시간 되게 하옵소서. 감사드리오며 예수님의 이름으로 기도드렸습니다. 아멘.

2020. 05. 22.

"내가 환난 중에 다닐지라도 주께서 나를 살아나게 하시고
주의 손을 펴사 내 원수들의 분노를 막으시며
주의 오른손이 나를 구원하시리이다"
(시편 138:7)

　영과 진리로 참되게 예배하는 자를 찾으시는 하나님. 우리를 흑암의 권세에서 건져 내시고 죄 사함 받아 하나님께 영광 올릴 수 있도록 인도하시니 감사드립니다.
　지금까지도 무탈하게 지켜 주신 하나님, 받은 것에 감사로 갚아 드릴 빚밖에 없는데 하나님을 기쁘시게 해 드리는 일보다 내 앞에 탐심이 앞섰던 것을 용서하여 주시옵소서. 욕심 앞에 작은 아픔, 작은 저울질로 상대방을 정죄하지 않게 하옵소서.
　우리의 눈물일랑 예수님의 십자가를 생각게 하시고, 우리의 아픔 일랑 예수님의 손과 발 못 자국을 생각나게 하시고, 우리의 기쁨일랑 예수님의 부활을 생각게 하옵소서.
　나로 말미암지 않고는 아버지께로 올 자가 없다 하신 주님. 예수님께서 시간과 장소를 정해 놓으시고 베드로와 야고보, 요한을 데리고 겟세마네에서 기도하신 것처럼 우리가 어느 곳에서나 늘 기도한다고 하지만 그렇지 못했음을 고백합니다. 하나님의 몸 된 성전을 늘 가까이하며 기도에 힘쓰는 기도의 용사들 되게 하옵소서.

　기도할 제목, 기도할 이유, 기도할 조건이 다 있습니다. 주님이 본을 보이셨고 하라 명령하셨기에 소명과 순종으로 주님 앞에 나가길 원합니다. 하나님 도와주시옵소서.

　간절히 기도드립니다. 코로나로 인한 어려움에 먹이사슬처럼 모든 것이 무너지고 있습니다. 심적 고통과 경제적 어려움, 기업인들의 상실감, 교회마다 한 번도 겪어 보지 못했던 오랫동안의 가정 영상 예배. 이 모든 것 속히 회복되게 하옵소서.

　믿는 자들에게 더욱 말씀을 사모하게 하시고 교회의 소중함을 깨닫게 하옵소서. 우리 교회 성도님들 지켜 주심에 감사드립니다. 기도 제목마다 성령의 열매로 맺어지게 하옵소서.

　이 시간 목사님 단에 세우셨사오니 영권과 물권 건강도 책임져 주셔서 양들에게 대언해 주실 말씀이 갈급함을 채울 수 있는 생수 되게 하시고, 세상에 나가선 말씀대로 살아가는 우리 되게 하옵소서. 감사드리오며 예수님의 이름으로 기도드렸습니다. 아멘.

2020. 06. 05.

"여호와께서 사람의 걸음을 정하시고 그 길을 기뻐하시나니"
(시편 37:23)

   참 좋으신 하나님, 우리의 걸음을 인도하사 지난날도 보호하시고 주님이 기뻐하실 참된 예배자로 인도하시니 감사드립니다.
   녹음이 짙어지는 계절, 시냇가에 심긴 나무처럼 우리의 신앙이 샘솟듯 일어나 지난날의 힘든 역경을 뒤로하고 주님께서 공급해 주시는 힘으로 마음과 뜻과 정성을 다하여 하나님께 영광 돌리게 하옵소서.
   참새 두 마리가 한 앗사리온에 팔리는 것을 기억하시고 너희에게는 오히려 머리털까지도 세신 바 되었나니 두려워 말라 너희는 많은 참새보다도 귀하다 하신 하나님. 하나님은 우리의 문제를 해결하시는 분이기 전에, 먼저 사람을 만드시는 능력의 하나님이시기에 말씀에 순종하며 하나님을 경외하고 간절히 사모하길 원합니다.
   코로나로 인하여 참으로 지루한 시간 모든 백성이 이 바이러스가 영원히 소멸되길 원하고 있사오니, 이 위기를 기회로 바꾸셔서 우리의 기도 들으시사 우리 교회가 집단이 아닌 사회단체가 아닌 믿음의 공동체로서 우리 성도님들 지켜 주시고 말씀과 찬양 사랑으로 교제 나누게 하시옵소서. 사랑으로 하나 되게 하시고 믿음의 동역자 전도의 동역자 되게 하옵소서.

  우리의 심령이 가난하여 하나님 나라를 간절히 사모하는 자들 되게 하시고 전도의 문을 열어 주셔서 이 지역에 믿는 자의 수가 늘어나게 하옵소서.

  이 시간 진리의 말씀으로 대언하실 목사님께 영적으로나 육적으로나 강건하게 하옵시고 바울의 계획이 하나님의 뜻에 응답되어진 것같이 목사님 어려움 없게 하옵소서. 말씀 받은 우리가 은혜로 덧입어 삶에 근원이 되게 하옵소서.

  이 환난 중에 성령의 열매로 얼마나 사랑했고 얼마나 자비를 베풀었고 온유했는지, 주는 것보다 받는 것을 더 좋아하는 우리였다면 용서하여 주옵소서. 감사드리며 예수님의 이름으로 기도드렸습니다. 아멘.

2020. 06. 12.

"만일 우리가 보지 못하는 것을 바라면 참음으로 기다릴지니라"
(로마서 8:25)

  하나님 감사합니다. 세상에서는 너희가 환난을 당하나 담대하라 내가 세상을 이기었노라 하신 주님. 지난날도 주님의 날개 아래 보호하시고 이 밤도 주님 전으로 인도하셔서 주님만 의지하는 마음으로 하나님께 경배드리오니 받으시옵소서.
  바리새인들이 예수님께 물었나요? 하나님 나라가 어디 있느냐고. 하나님 나라는 여기 있다 저기 있다가 아니라 너희 안에 있느니라.
  우리 안에 하나님을 모신 작은 성전이 더럽혀지진 않았는지, 온갖 우상이 자리하고 있진 않은지, 하나님은 아시오매 우리의 작은 죄까지도 용서하여 주옵시고, 우리의 마음을 다스려 주셔서 청결한 성전에 주님을 모실 수 있는 정결함을 주시옵소서.
  하나님께서 엿새 동안 날마다 계획대로 창조하시고 날마다 이루신 뒤 보시기에 좋았더라 하신 하나님. 창조하신 만물이 인간의 필요악으로 인하여 말씀에 거역하고 얻은 재앙인 것 같습니다. 긍휼히 여겨 주시옵소서.

그러나 염려하기보다 두려워하기보다 하나님이 거두실 능력을 믿고 더욱 말씀과 기도로 순종하게 하옵소서. 그 일에 우리 교회가 먼저 말씀 앞에 든든히 세워져 가게 하시고 작으나 큰 영광 드러내는 부흥의 역사가 일어나게 하옵소서.

하나님이 우리를 구속하신 이유와 천국에 이르는 날까지 이 땅에서 어떻게 살아가야 하는지 하나님의 뜻을 더 깊이 알아 가게 하시고 그 뜻에 선한 복음의 열매가 있게 하옵소서.

단에 세우신 목사님께 성령으로 강건하게 붙잡아 주옵시고 우리는 들음에서 나는 믿음의 지혜가 삶으로 이어져 행함으로 암울한 세상에 빛과 소금의 역할을 할 수 있도록 도와주시옵소서. 늘 주님과 동행하는 삶 되길 원하오며 예수님의 이름으로 기도드렸습니다. 아멘.

2020. 06. 19.

"여호와를 경외하며 그의 길을 걷는 자마다 복이 있도다"
(시편 128:1)

선하심과 인자하심으로 축복받는 길을 알려 주시고 끝까지 사랑으로 인도하시니 감사드립니다. 이 시간 하나님을 영화롭게 해 드릴 수 있는 귀한 시간 되게 하옵소서.

믿음은 바라는 것들의 실상이요 보이지 않는 것들의 증거니(히브리서 11:1)

우리로서 보이지 않는 하나님의 은밀하신 비밀을 알아 가게 하시고 실상으로 증거되게 하옵소서. 과학은 보이는 것만 믿지만 신앙은 보이지 않는 것을 믿음으로 받는 것입니다.

예수님께서 도마에게 너는 나를 본 고로 믿느냐. 보지 못하고 믿는 자들은 복되도다 하시고, 믿음 없는 자가 되지 말고 믿음 있는 자가 되라 하신 주님. 십자가와 부활 재림을 믿사오니 예수님의 핏값을 잊지 않고 재림의 그날까지, 아니 천국에 이르는 날까지 말씀으로 덧입어 순종하며 복음의 증인 되게 하옵소서.

주님을 믿는 성도로서 하나님을 기쁘시게 하고 주님을 드러내야 함에도 때로는 하나님보다 내가 인정받고 싶어 하는 내 의지가 먼저였음을 용서하여 주시옵소서.

하나님 진정 감사드립니다. 모든 것이 부족함 없이 채워 주시고 우리 교회를 사랑하시어 지금까지도 지켜 주심에 감사드립니다. 하나님이 능력 주셔서 하나님의 일에 사랑으로 하나 되게 하시고, 가정 가정마다 평안을 주셔서 기도의 제목마다 복음의 열매가 맺어지게 하옵소서.

모든 열매는 자신을 위함이 아니고 타자를 위한 결실임을 믿습니다.

이 시간 단에 서신 목사님의 말씀을 듣고자 합니다. 목자의 음성을 바로 듣게 하옵소서. 말씀을 듣고자 우리 안에 빈 그릇을 준비하였사오니 겉과 속이 같은 청결한 그릇 되게 하시고 말씀으로 채우셔서 그 말씀이 빛을 발하게 하옵소서. 감사드리오며 살아 계신 예수님의 이름으로 기도드렸습니다. 아멘.

2020. 06. 24.

"빛이 어둠에 비치되 어둠이 깨닫지 못하더라"
(요한복음 1:5)

    주 예수 그리스도의 몸 된 교회로 인도하셔서 찬양과 기도 말씀으로 하나님께 영광 돌리게 하시니 감사드립니다.

    진리가 예수 안에 있는 것같이 빛으로 오신 예수님의 진리를 따라 많은 사람을 옳은 데로 돌아오게 한 자는 별과 같이 영원토록 빛나리라 하셨으니 우리가 그 일에 일조하는 성도 되게 하옵소서.

    하나님 말씀을 삶으로 살아 내는 믿음이 어찌 그리 어려운지요. 야고보는 듣기는 속히 하고 말하기와 성내기는 더디 하라 했는데 교훈도 망각한 채 우리의 입술로 범죄하곤 합니다. 용서하여 주옵시고 사람이 성내는 것이 하나님의 의를 이루지 못함이라 했으니 온유한 성품을 주셔서 하나님의 뜻을 이루어 가는 삶이 되게 하옵소서.

    하나님, 참으로 코로나19가 오래갑니다. 거리두기로 암울해지고 사람이 사람을 경계하며 열렸던 마음들이 닫혀 가는 듯합니다. 염려 대신 기도하라 하신 것처럼 어떠한 역경 속에서도 하나님의 뜻이 계실 줄 믿사오니 하나님의 방법으로 평안이 올 수 있게 도와주시옵소서.

정치인들은 정치인들대로 이 땅에 공의와 정의가 바로 서게 하시고, 의학계는 지혜를 모아 완치할 수 있는 백신 성공 소식을 듣게 하옵소서.

우리 교회를 지켜 주신 하나님. 코로나가 우리와 무관한 것이라고 안심할 때가 아닌 현실에서 걸린 자들의 회복과 의사진 간호사와 도움을 주는 협력자들의 고마움을 위해 더욱 기도에 힘쓰는 우리가 되게 하옵소서.

날마다 죽는 생활, 감사하는 생활, 주안에 견고히 서고 흔들리지 않는 삶으로 주의 일에 더욱 힘쓰는 자 되게 하옵소서.

하나님만 아시는 내일 일을 우리가 모르기에 오늘에 족한 삶이 내일을 열어 가게 하옵소서.

이 시간 말씀 대언하실 목사님께 영육 간에 강건함을 주시옵고 증거되는 말씀이 상한 심령 위엔 위로가 환난 가운데는 소망이 되게 하옵시고 우리가 변화받아 거듭난 삶이 되게 하옵소서. 감사드리오며 예수님의 이름으로 기도드렸습니다. 아멘.

2020. 07. 05.

"이 하나님은 영원히 우리 하나님이시니
그가 우리를 죽을 때까지
인도하시리로다"
(시편 48:14)

    한량없는 사랑으로 우리의 삶을 인도하시는 능력의 하나님. 우리에게 베푸신 은혜와 사랑에 감사드립니다. 우리의 마음이 주님을 향해 하나님께 영광 되게 하옵소서.

    부족하고 연약한 우리에게 십자가의 은혜를 누리게 하시고 천국의 소망을 품고 살아가게 하신 하나님. 우리는 하나님이 주인이라 고백하면서도 여전히 물질에 지배받는, 믿음마저 부족해 사탄에 종 노릇 했던 우리를 용서하여 주시옵소서.

    하나님. 자비를 베푼 사마리아인처럼 살아가게 해 주세요. 죽어가는 강도 맞은 사람을 보고 제사장도 레위인도 그냥 지나쳤지만 사마리아인은 정성을 다해 치료해 주고 주막인에게 잘 돌보아 주라며 돈을 주고 부족하면 돌아와서 갚으리라 했습니다. 사마리아인 같은 사람이 세상에 많고 많다면 하나님이 얼마나 기뻐하실까요? 우리가 선한 사마리아인의 마음을 품어 악이 선을 지배하지 않게 날마다 주신 것에 감사하며, 선으로써 이웃을 섬기고 선한 믿음으로 행함을 잃지 않는 성도 되게 하옵소서.

내가 잘해 왔던 일 뭇사람들에게 준 사랑과 육으로나 물질로 베풀었던 도움을 세지 않게 하시고, 타자에게 배신감이 있었던 순간들 내가 이해하지 못한 타자의 언행도 사랑으로 감싸게 하옵시고 지금까지 주께 받은 은혜를 감사하게 하옵소서. 선을 행할 때에 있는 모습 그대로, 가식이 없이 이웃에게 진솔한 사랑만을 공유하게 하시고 베푸는 것으로 기쁨이 되게 하옵소서.

하나님, 이 땅에 긍휼을 베푸시길 더욱 원합니다. 코로나가 발발한 지 반년이 되어 가고 있습니다. 보름 아니면 한 달이나 가겠지 했더니 고난이 끝이지 않고 있사오니 고난을 축복으로 변화시켜 주옵소서.

사랑의 하나님. 우리 성도님들 회개와 기도 주님께 찬양드릴 때 기쁨이 넘치게 하시고 위로와 치료와 소망이 성취되게 하옵소서.

말씀 받들어 단 위에 서신 목사님께 전신갑주를 입히시고 목자의 음성을 듣는 우리, 은혜의 자리 되게 하셔서 감사함으로 영혼 구원의 사명을 잘 감당하는 교회 되게 하옵소서. 그리스도의 사랑이 나타나는 교회 되기 원하오며 예수 그리스도의 이름으로 기도드렸습니다. 아멘.

2020. 07. 12.

"또 무엇을 하든지 말에나 일에나 다 주 예수의 이름으로 하고 그를 힘입어 하나님 아버지께 감사하라"
(골로새서 3:17)

　하나님의 은혜와 사랑 진리로 지금까지도 인도하셔서 하나님 전에 나와 예배드릴 수 있는 귀한 시간 주시니 감사드립니다. 하나님께 영광 돌리며 예수님의 말씀대로 살아가면서 삶으로 증명해 보이는 성도 되게 하옵소서.
　작은 꽃 한 송이에도 하나님의 섬세하심이 보이고 공중에 나는 새도 사랑으로 지으셨음에, 하물며 감성을 가진 성도로서 사랑을 베풀지 못함을 용서하여 주시옵소서.
　하나님의 뜻이 우리를 통하여 이루어지기보다 우리의 계획이 먼저이고 응답을 받기만 원했사오니 주님 긍휼히 여겨 주시옵소서. 하나님 나라가 우리 안에 임하셔서 행하시는 하나님 일에 우리가 동참하는 은혜를 더하여 주시옵소서.
　마리아가 한마디 말도 없이 침묵하며 향유를 예수님의 발에 부었을 때 그 마음을 아시고, 내 장례를 위함이니 복음이 전파되는 곳에는 그가 행한 일도 말하여 기억하리라 하신 예수님. 내가 나의 가장 소중한 것을 깨뜨려 예수님을 기쁘시게 한 적이 얼마나 있었는지 뒤돌아봅니다.

어느 시인이 연탄재 함부로 발로 차지 마라. 너는 누구에게 한 번이라도 뜨거운 사람이었나라고 했건만 자기의 온몸을 불태워 남을 위해 희생됨에 감사를 알고 진심으로 전심으로 예수님처럼 사랑을 베푸는 믿음의 자녀 되게 하옵소서.

사랑 역시 주는 것보다 받는 것 더 좋아했던 우리. 주면 받고 받으면 주는 사랑보다 이젠 우리가 조건 없이 주는 사랑, 사랑이 제일인 교회 되게 하옵소서.

하나님, 코로나로 인해 어려움이 많습니다. 교회마다 믿음이 회복되게 하시고 속히 소멸되는 기적이 일어나게 하옵소서. 이 시간 말씀 전하실 목사님께 성령으로 덧입혀 주셔서 하나님의 비전을 보시게 하옵시고 하나님의 말씀을 받을 때에 사람의 말로 아닌 하나님의 말씀으로 받아 아멘으로 화답하는 삶이 변화되고 거듭남이 되게 하옵소서. 빛으로 오신 예수님의 이름으로 기도드렸습니다. 아멘.

2020. 07. 24.

"우리의 모든 환난 중에서 우리를 위로하사
우리로 하여금 하나님께 받는 위로로써
모든 환난 중에 있는 자들을
능히 위로하게 하시는 이시로다"

(고린도후서 1:4)

   존귀와 영광 찬송을 받으시기에 합당하신 하나님. 오늘도 우리를 부르심에 감사드립니다. 하나님 나라 영광에 이르게 하시고 마음과 뜻 정성을 다하여 산제사로 드리는 거룩한 예배 되게 하옵소서.
   날마다 말씀과 기도 가운데 살려 하지만 늘 우리의 적군은 밖이 아니고 내 안에 존재합니다. 열심을 다해 회개하지 못함을 용서하여 주시옵소서.
   하나님의 능력을 힘입어 버릴 것과 내려놓을 것, 하지 말아야 할 것과 지켜 행할 것, 말씀의 깊이를 깨달아 분별해서 부끄러움이 없는 믿음의 자녀 되게 하옵소서.
   7월 더위가 깊어지는 여름 장마 중에 피해가 나지 않게 하옵시고 습도가 높은 이 시기에 코로나가 확산되지 않도록 우리의 방어 태세를 준비케 하옵소서.

속히 희망 있는 소식을 원합니다. 연구진의 지식을 모아 속히 치료되는 백신 발병의 기술이 성공하길 기도합니다. 하나님 도와주시옵소서. 긍휼히 여겨 주시옵소서.

나는 빛도 짓고 어둠도 창조하며 나는 평안도 짓고 환난도 창조하나니 나는 여호와라 이 모든 일들을 행하는 자니라 하였노라(이사야 45:7)

이 모든 일을 행하시는 아버지 하나님. 소리 없는 기도, 부르짖는 기도 들으시나요? 너는 환난 날에 내게 부르짖으라 내가 너를 건지시리라 하신 주님, 온 인류가 바이러스가 소멸되길 기도하고 있습니다. 하나님의 깊으신 뜻과 능력을 보게 하여 주시옵소서.

하나님, 대한민국 이 나라를 긍휼히 여겨 주시옵소서. 사망의 악의 고리가 끊어지게 하시고 올바른 정치와 경제가 회복되고 그리스도인을 향한 편견이 없는 평화의 나라 되게 하옵소서.

하나님, 우리 교회를 사랑하셔서 교회 안에서 화평을 누리게 하시니 감사드립니다. 도시와 농어촌 모든 교회가 하나님 안에서 평안을 누리고 구원의 역사를 이루신 하나님의 뜻을 좇아 사명 감당하며 기도의 끈을 놓지 않게 하옵소서.

하나님, 환자를 놓고 기도합니다. 원치 않는 병으로 인해 살 소망조차 없어 죽음만 기다리고 있는 환자들이 있습니다. 사는 날까지 고통이 없게 하시고 믿음이 회복되어 찬양과 말씀에 의지하게 하옵소서.

이 시간 목사님께서 말씀 전하실 때 지혜를 더하여 주시옵고 성령 충만케 하셔서 바른 말씀, 바른 믿음으로 우리의 양식이 되게 하옵소서. 말씀에 합당한 기도의 제목마다 이루어지게 하옵시고 건강도 지켜 주시옵소서. 감사드리오며 살아 계신 예수님의 이름으로 기도드렸습니다. 아멘.

2020. 07. 31.

"하나님이여 사슴이 시냇물을 찾기에 갈급함 같이
내 영혼이 주를 찾기에 갈급하니이다"
(시편 42:1)

우리의 주권자이신 하나님. 모든 것이 감사합니다. 일용할 양식으로 족한 은혜 주시고 영의 양식인 하나님 말씀으로 채워 생수가 넘치게 하시길 원하옵나이다. 그러함으로 말미암아 이 땅에서 하나님의 뜻이 이루어져 가길 원하옵나이다.

우리가 받은 교훈대로 우리의 신앙 고백의 대상자가 주님이시오니 예수님께 의지하며 흔들리지 않는 믿음으로 예수님의 나라만 바라보게 하옵소서.

하나님 회개합니다. 때론 하나님을 세상의 즐거움보다 더 사랑하지 못했음을 용서하여 주시옵소서. 보이는 것에 현혹되지 않게 하시고 영원하신 주님만이 우리의 기쁨 되게 하옵소서.

예수님이 홀로 첫 번째 고향을 방문하셨을 때 비아냥과 배척을 당하시고, 두 번째 방문 때는 배척당하실 것을 아시면서 제자들과 동행하여 몸소 너희도 어디를 가든지 이런 배척을 당할 수 있다고 보여 주신 예수님.

인간의 생각으론 이 지역이 복음 전도가 어려운 곳이지만 이루시는 분은 하나님이시오니 끝까지 인내하며 사명을 감당할 수 있도록 앞에서 인도하여 주시옵소서.

교회를 사랑하시는 주님, 한 사람 한 사람 주님께서 부어 주시는 능력과 지혜로 든든히 세워져 가는 교회를 통해 칠성 지역에 좋은 신문으로 놀라운 기적의 역사가 일어나게 하옵소서.

이제 목사님을 통하여 하나님의 말씀을 듣고자 합니다. 먼저 영과 육 강건하심을 주시옵고 목자와 양들이 하나 되어 들음으로 믿음이 자랄 수 있게 하옵시고 모든 바라는 소원들이 주님 안에서 성취되게 하옵소서. 이 땅에 평안을 주시옵길 소원하며 예수 그리스도 이름으로 기도드렸습니다. 아멘.

2020. 08. 14.

"하나님이 우리를 부르심은
부정하게 하심이 아니요
거룩하게 하심이니"
(데살로니가전서 4:7)

   오늘도 연약하고 죄인일 수밖에 없는 우리를 불러 주셔서 성령을 주신 하나님을 잊지 않고 기억하게 하시니 감사드립니다. 하나님께 기쁨과 영광을 드리는 예배 되게 하옵소서.
   개인이나 백성이 하나님께 범죄하여 적국에 패하고 기근을 당할 때, 자기의 마음에 재앙임을 깨닫고 기도와 간구를 들으시고 사하여 달라던 솔로몬의 기도가 우리의 지금 이 시대의 기도가 되었음을 고백합니다. 하나님의 뜻을 알아 가게 하시고 우리의 기도를 들으시사 오래가지 않도록 잠재워 주시옵소서. 인간의 욕심에 일어난 재앙이라면 용서하여 주시옵소서. 자연을 훼손하고 환경을 오염시키고 이익을 위해 공의와 선을 저버린 우리의 삶이 아니었는지 뒤돌아봅니다.
   하나님 정말 지루한 장마였습니다. 사망자와 이재민, 훼손된 농가… 너무나 안타깝습니다. 내가 당하지 않아 평안함이 아니고 기도밖에 할 수 없는 우리의 심령을 읽으셔서 속히 복구되어 도움의 손길과 위로의 말씀으로 용기 잃지 않도록 도와주시옵소서.

　우리 교회를 사랑하시는 하나님, 예배만 드리고 헤어지는 이 시기에 속히 떡을 떼며 교제를 나누며 사랑으로 기쁨을 나눌 수 있는 시간을 허락하여 주시옵소서. 몸이 아프신 성도님들 치료자의 하나님이 치료해 주셔서 건강을 회복시켜 주시옵소서.

　오랫동안 묵묵히 교회를 지켜 오신 목사님을 건강으로 지켜 주시니 감사드립니다. 성령으로 충만케 하시고 성도의 숫자는 작지만 교회는 크고 작은 것에 있는 것이 아니오니 각자의 삶의 터전에서 주님의 능력을 더하사 목사님의 목회에 어려움이 없게 하옵소서. 이 지역에 복음의 씨앗이 옥토에 떨어질 수 있도록 많은 열매 맺기 원하오며 예수님의 이름으로 기도드렸습니다. 아멘.

2020. 08. 23.

"소망 중에 즐거워하며 환난 중에 참으며
 기도에 항상 힘쓰며"
(로마서 12:12)

　내가 너희에게 주는 평안은 세상이 주는 것과 같지 아니하니라 하신 주님. 주님 안에 평안을 누리게 하시고 찬양과 예배로 하나님께 영광 돌리게 하시니 감사드립니다. 경건의 모양은 있으나 경건의 능력을 부인하는 외식하는 자가 되지 않도록 하나님 능력 주셔서 믿음의 백성 되게 하옵소서.
　하나님 우리는 죄인입니다. 계명대로 살지 못함을 용서하여 주시옵소서. 완전하신 분은 오직 주님뿐이시오니 우리가 연약할 때 회개와 말씀 기도로 채워 가게 하옵소서.
　주님께서 너희 원수를 사랑하며 너희를 핍박하는 자를 위하여 기도하라. 원수 갚는 일은 하나님께 달려 있다는 진리의 말씀으로 세상 사람들이 누리지 못하는, 우리에게 하나님께 기도할 수 있는 자녀의 신분을 주시고 긍휼하심과 선하심에 은혜를 깨닫게 해 주시니 얼마나 감사한지요. 하나님 이 기쁨을 누리지 못하는 세상 사람들에게 복음을 전할 수 있는 능력을 주시옵소서.

그리스도 예수 안에서 내가 복음으로 너희를 낳았으니 너희는 나를 본받는 자가 되라고 전하던 바울처럼 우리가 자녀에게 지식으로 보여 주는 교훈이 아니라 행함으로 그 어떤 유산보다 복음의 유산을 남길 수 있는 본이 되는 삶을 살아가게 하옵소서.

하나님, 이 어려운 시기에 나라의 평안과 세계적인 바이러스와 각국에 선교사님들 위해 더욱 기도에 깨어 있게 하시고 하나님의 뜻을 알아 가며 순종케 하옵소서.

기름 부으심으로 단에 세우신 목사님을 사랑하셔서 지금까지도 교회를 든든히 지켜 주심에 감사드립니다. 성령으로 모든 것이 충만케 하옵시고 목사의 음성을 듣는 우리에게 마음의 눈을 밝혀 주시고 듣는 귀를 열어 주셔서 오직 믿음으로 든든한 반석 위에 세워 가는 교회 되게 하옵소서. 감사드리오며 예수님의 이름으로 기도드렸습니다. 아멘.

2020. 11. 01.

"긍휼히 여기는 자는 복이 있나니 그들이 긍휼히 여김을 받을 것임이요"
(마태복음 5:7)

 하나님, 오늘이 있게 하심에 감사드립니다. 또 내일을 주실 것임에 미리 감사드립니다. 우리 마음에 예수님의 마음을 품게 하시고 주신 것에 족한 은혜로 삶을 살아가게 하옵소서. 하나님께 영광 돌리는 것이 우리의 기쁨 되길 원합니다.

 우리의 마음을 감찰하시는 하나님. 우리의 내면에 거짓된 마음, 표출되는 실수와 살인, 작은 일에 상처 주는 말까지도 용서하여 주시옵소서. 우린 완전하지 못하기에 늘 쓰러집니다. 그럴 때마다 오뚜기처럼 세우시는 하나님 감사합니다. 탐심의 탈을 벗고 하나님의 복음으로만 권면과 위로와 믿음과 사랑의 기쁜 소식을 전할 수 있도록 우리에게 지혜를 주시옵소서. 그러므로 말미암아 하나님이 기뻐하시는 제사, 오직 선을 행함과 서로 나눠 주기를 잊지 말라 하신 말씀을 지켜 행하게 하옵소서.

 하나님, 높고 높은 보좌에서 이 시국을 보고 계시나요? 모든 사람들이 웃기도 하나 그 속에 염려하지 말라 두려워 말라 하신 말씀도 거리가 먼 듯 무표정한 모습들을….

진정 기도합니다. 모든 문제가 희망의 소식으로 속히 전환되길 간절히 원합니다. 어떤 환경이든 믿는 자들의 믿음이 소멸되지 않도록 더욱 주님을 사모하는 마음과 긴 터널 끝에 광명의 빛이 있음을 소망하고 인내하게 하옵소서.

너희가 내게 부르짖으며 내게 와서 기도하면 내가 너희들의 기도를 들을 것이요 너희가 온 마음으로 나를 구하면 나를 찾을 것이요 나를 만나리라(예레미야 29:12-13)

하나님, 이곳에 세우신 우리 교회가 성전에 모이기에 힘쓰고, 기도하면 들으시고 응답하시는 하나님께 기도와 말씀으로 나아가길 소원하며, 교훈을 받은 대로 믿음에 따르는 행함이 있게 하옵소서.

하나님 감사합니다. 말씀 전하시는 목사님이 계시기에 말씀에 힘을 얻어 나아갑니다. 인도자의 영육 간에 강건하심과 말씀 충만, 은혜 충만하시게 하옵시고 우리가 말씀 따라 건강한 믿음의 자녀 되게 하옵소서. 감사드리오며 예수님의 이름으로 기도드렸습니다. 아멘.

2020. 11. 13.

"너희는 이 세대를 본받지 말고
오직 마음을 새롭게 함으로 변화를 받아
하나님의 선하시고 기뻐하시고
온전하신 뜻이 무엇인지 분별하도록 하라"
(로마서 12:2)

하나님, 계절의 변화에도 하나님의 섭리를 느끼게 하시니 감사합니다. 여호와의 이름은 견고한 망대라, 우리가 오직 의지할 분은 주님이시기에 모든 것 내려놓고 이 시간만이라도 정결한 마음으로 주님께 나오게 하옵소서.

예수 그리스도로 말미암아 의의 열매가 가득하여 하나님의 영광과 찬송이 되기를 원했던 바울의 간구함이 우리의 교훈이 되어 하나님께 영광과 찬송이 되게 하여 주시옵소서.

하나님 우린 영원한 죄인인 것 같습니다. 내 안에 선과 악의 싸움과 하나님보다 더 사랑할 우상이 생기곤 합니다. 회개하오니 용서하여 주시옵고 악이 지배할 때마다 선으로 싸워 이길 힘을 주시옵소서.

하나님, 코로나가 속히 잠들기를 원합니다. 완전히 소멸되길 기도합니다. 유럽연합에서 희소식이 들려옵니다. 화이자 백신이 성공률이 높아 내년 3월쯤이면 미국에서 접종이 시작된다고 합니다. 정말 놀랄 수밖에 없는 숫자로 세계 곳곳에서 사망자 수가 매일 일어납니다. 세상적으로 보면 두렵습니다. 그러나 한 생명이라도 귀하게 여기시는 하나님. 우리는 두려워하지 말고 하나님의 뜻을 기다리게 하옵소서.

   사랑 안에 두려움이 없고 온전한 사랑이 두려움을 내쫓는다고 하셨으니 고난을 주신 것은 인내를 온전히 이루게 하시고 소망을 바라보는 믿음을 주시고자 함임을 믿사오니 기도 응답해 주실 하나님만 바라보게 하옵소서.

   하나님, 추수감사절이 다가왔습니다. 기쁨으로 단을 거두는 감사절로 은혜가 넘치게 하옵소서. 감사절 준비로 애쓰신 목사님 피곤치 않게 하시고 하나님의 모든 충만하심으로 채우셔서 부족함이 없게 하시고 대언하시는 말씀이 우리의 심령에 심어져 거듭나는 우리의 삶이 되게 하옵소서. 감사드리오며 예수님의 이름으로 기도드렸습니다. 아멘.

2020. 11. 22.

"환난 날에 나를 부르라 내가 너를 건지리니
네가 나를 영화롭게 하리로다"
(시편 50:15)

    지난날도 주님의 긍휼 안에서 소망을 품게 하시고 오늘도 예배의 자리로 인도하신 하나님 감사합니다. 입으로는 주님을 찾지만 눈으로는 세상 것을 보고 발걸음은 악이라도 이익을 좇았던 모습이 우리의 삶이었음에 용서하여 주시옵소서.

    하나님, 벌써 겨울이 시작되었는데 뿌린 복음의 씨앗이 추수가 되어 얼마나 걷었는지 부끄럽습니다. 모세의 기도처럼 세월이 얼마나 빨리 가면 신속히 가니 우리가 날아간다고 했을까요? 주님께서 정해 주신 연수가 있다면 남은 생을 세상의 시선이 아닌 주님의 시선으로 사는 날까지 썩어질 육체를 위해 사는 것이 아니라 영의 양식을 위해 살도록 도와주시옵소서.

    올 한 해 농부는 농부대로 경제는 경제대로 정치는 정치대로 천재지변으로 어려운 가운데 있지만 하나님의 뜻은 반드시 발전의 기회를 주실 줄 믿사오니 성취하셔서 하나님께 영광 올리게 하옵소서.

> 내가 깨달은 것은 오직 이것이라 곧 하나님은 사람을 정직하게 지으셨으나 사람이 많은 꾀들을 낸 것이니라(전도서 7:29)

솔로몬의 깨달음이 우리의 깨달음이 되게 하시고 하나님이 추구하시는 정직한 삶이 위선과 가면 외식이 아닌 정의와 진실 회개와 은혜가 있게 하옵소서.

이 땅에 교회를 세우시고 지켜 주신 하나님 감사드립니다. 우리 성도님들 다 기억하셔서 기도의 소원 응답되게 하시길 원하오며 사랑으로 나누는 삶과 동시에 은혜의 말씀으로 권면할 수 있는 지혜를 더하여 주시옵소서.

이 시간 말씀 대언하실 목사님께 성령의 오른팔로 영육 간에 강건하심을 주시옵고, 명령은 등불이요 법은 빛이고 훈계와 책망은 생명이라 배웠사오니 꿀송이 같은 말씀도 훈계와 책망의 말씀도 아멘으로 화답하게 하옵소서. 감사드리옵고 예수님의 이름으로 기도드리옵나이다. 아멘.

2020. 12. 11.

"까마귀를 생각하라 심지도 아니하고 거두지도 아니하며 골방도 없고 창고도 없으되 하나님이 기르시나니 너희는 새보다 얼마나 더 귀하냐" (누가복음 12:24)

    날마다 조금씩 하나님의 뜰에 뿌리를 내리며 은혜로 살아가게 하신 하나님 감사드립니다. 우리는 세상에 속해 살지만 하나님의 부르심에 합당한 자녀로, 진리의 말씀을 옳게 분별하여 부끄러움이 없는 하나님의 인정된 자로, 이 시간 하나님 앞에 산제사 드려서 하나님께 기쁨을 드리고 이웃에겐 기쁜 소식인 예수님의 말씀을 전하게 하옵소서.

    오직 각 사람이 시험을 받는 것은 자기 욕심에 끌려 미혹됨이라 하셨으니 우리 안에 시험 들 만한 악한 행위가 있다면 용서하여 주옵시고 제거해 주시옵소서. 그리하여 자아의 만족을 추구하기보다 우리의 도움이 필요하신 이웃에게 손발의 역할과 기도와 간구로 사랑을 베풀게 하옵소서.

    하나님, 이러한 일 하게 하시니 얼마나 감사한지요. 성경 속 동화 같은 진리의 역사를 들려줄 때면 너무도 행복합니다. 우리에게 겸손한 마음을 주셔서 낮은 자세로 섬기게 하옵소서.

나는 여호와요 모든 육체의 하나님이라 내게 할 수 없는 일이 있겠느냐(예레미야 32:27)

예레미야에게 주신 말씀처럼 모든 일에 능치 못하심이 없으신 하나님. 고난 뒤에 믿음의 깊이와 소망의 기쁨을 주실 줄 믿사오나 더 이상 사망에 이르는 자가 없도록 긍휼을 베풀어 주시옵소서.

길고 긴 코로나를 언제까지 인내하라 하시나요. 암울한 이 시대에 하나님의 응답에 목말라하고 있습니다. 연구진들에게 지식에 넘치는 지혜를 더하여 주셔서 속히 코로나가 사라지고 이 땅에 복음의 불길이 타오르길 기도합니다.

이 나라를 위해 기도합니다. 작은 나라지만 세계 경제 도약에 섰던 역사를 다시 보게 하옵소서. 국민들의 올바른 인식과 정의 공의가 바로 선 정치인들의 국민을 위한 바른 정치로 국민의 안정과 경제가 회복되게 하옵소서.

하나님, 우리의 공동체를 기억하여 주셔서 각 지체가 한 몸을 이루듯 합력하여 선을 이루게 하옵시고 각자의 달란트로 예수님의 빛을 발하는 아름다운 교회 되게 하옵소서.

단에 세우신 목사님 늘 발걸음마다 동행하여 주시옵고 성령으로 충만하심과 강건함을 허락하셔서 말씀 받는 준비된 양들에게 찔림과 감동과 은혜가 넘치게 하옵소서. 감사드리오며 예수님의 이름으로 기도드렸습니다. 아멘.

2020. 12. 29.

"그는 시냇가에 심은 나무가 철을 따라 열매를 맺으며
그 잎사귀가 마르지 아니함 같으니
그가 하는 모든 일이 다 형통하리로다"
(시편 1:3)

    선하시며 그 인자하심이 영원하신 하나님께 감사드립니다. 찬양과 예배, 우리의 기도가 기쁨으로 하나님께 상달되길 원하옵나이다.

    하나님의 나라 복음을 전하려고 이 땅에 예수님을 보내 주셔서 하나님 나라를 가르치시고 스스로 본이 되는 삶을 보여 주셨으며, 나의 계명을 지키는 자라야 나를 사랑하는 자니 나를 사랑하는 자는 내 아버지께 사랑을 받을 것이라 하신 주님. 우리가 삶 속에서 계명대로 살지 못함을 용서하여 주시옵소서. 주님의 계명대로 지키며 순종해 가려는 우리의 안내자가 되어 주셔서 하나님께 사랑받는 자녀, 주님께 영광 돌리는 자녀 되게 하옵소서.

    하나님, 자녀들을 위해 기도합니다. 재물과 직위가 먼저가 아니고 하나님을 바로 알아 가는 삶, 하나님이 주인이 되는 삶, 하나님을 최우선으로 생각하는 삶, 늘 감사가 넘치는 삶 되게 하옵소서.

진리를 알아 바로 서면 무너짐이 없음을 믿습니다. 자녀의 선행이 믿지 않는 가족에게 본이 되니 가족부터 구원의 역사가 이루어지게 하옵소서.

하나님, 코로나19가 참으로 오래갑니다. 코로나가 완전 소멸되면 경제가 회복될 것 같고 각 교회마다 잠자던 신앙이 깨어 갈급한 심령이 샘솟을 것 같습니다. 긍휼을 베풀어 주시옵소서. 그리하여 다시금 이 땅에 부흥의 불이 일어나게 하옵소서.

여호와께서 성을 지키시지 않으시면 파수꾼의 깨어 있음이 헛되다고 하신 주님, 이곳에 교회를 세우시고 지켜 주심에 감사드립니다. 만민이 기도하는 집, 누구나 올 수 있는 집, 하나님의 집에 모여 떡을 떼며 교제를 나눌 수 있는 많은 동역자를 보내 주시옵소서.

오늘도 말씀 붙들고 단에 서신 목사님께 은혜를 더하여 주시옵고 전하시는 말씀이 우리의 마음 판에 새기어 믿음에 굳게 세워져 가는 성도 되게 하옵소서.

한 해의 결산과 새해의 계획하심이 하나님의 뜻 안에서 아름답게 성취되시길 기도드립니다. 늘 동행하여 주시옵소서. 감사드리오며 예수님의 이름으로 기도드렸습니다. 아멘.

2021. 01. 24.

"내 영혼아 네가 어찌하여 낙심하며 어찌하여
내 속에서 불안해 하는가 너는 하나님께 소망을 두라
그가 나타나 도우심으로 말미암아 내가 여전히 찬송하리로다"
(시편 42:5)

    때마다 일마다 평강 주시기를 원하시는 하나님. 지금까지도 주님의 날개 아래 품어 주시고 하나님이 일하시는 성전으로 인도하시니 감사드립니다. 참된 예배자를 찾으시는 주님께 온전한 마음과 뜻과 정성을 드리는 예배로 하나님께 영광 되게 하옵소서. 말씀 받을 준비된 마음과 허울뿐인 위선과 가식이 아닌, 말씀으로 준비된 기도와 그리고 간구 회개로 주님 앞에 나왔습니다.

    하루하루의 계획이 삶 속에 세워지지만 누구를 만나든 무슨 일을 하든 우리의 입에 파수꾼을 세우시고 우리의 입을 지켜 주셔서 선한 말과 행동으로 믿는 자의 모습이 보여지게 하옵소서.

    하나님이 주시는 지혜의 공급이 없으면 우리는 아무것도 할 수가 없습니다. 재능도 각자의 달란트도 하나님께서 공급해 주심이오니 감사하는 마음을 넘치게 하옵소서. 코로나로 인하여 좋은 소식보다 근심과 두려움만 더해 주는 소식에 불안합니다.

평안을 너희에게 끼치노니 곧 나의 평안을 너희에게 주노라 내가 너희에게 주는 것은 세상이 주는 것과 같지 아니하니라 너희는 마음에 근심하지도 말고 두려워하지도 말라(요한복음 14:27)

근심과 두려워하기보다 긍휼을 베푸시는 하나님을 바라보며 하나님의 뜻을 깨달아 인내함으로 살아가게 하옵소서. 더 이상에 확진자가 나오지 않고 이미 발병된 자들은 속히 쾌유되게 하옵소서.
임마누엘의 하나님. 우리 교회 성도님들 아픈 자 치료해 주셔서 뛸 수 있는 힘을 주시고, 마음에 위로받을 자 만나 주셔서 그 마음에 말씀으로 기쁨이 회복되게 하옵소서.
은혜와 권능으로 단에 세우신 목사님께 성령으로 함께 하시옵고 영육 간에 강건함을 주셔서 말씀이 선포될 때 우리의 마음과 귀가 열리고 하나님의 은혜를 깨달아 순종하는 믿음을 더하여 주시옵소서. 감사드리오며 예수님의 이름으로 기도드렸습니다. 아멘.

2021. 02. 05.

"평강의 주께서 친히 때마다 일마다 너희에게 평강을 주시고
주께서 너희 모든 사람과 함께 하시기를 원하노라"
(데살로니가후서 3:16)

    날마다 우리의 삶을 인도하시고 우리에게 주님을 의지할 수 있는 믿음을 주시는 하나님께 감사드립니다. 온유한 마음과 정직한 영을 주셔서 영적 분별력으로 하나님 앞에 지혜를 구하는 자 되어 말씀을 깨닫고 하나님께 영광 돌리는 저희 되게 하옵소서.

    하나님, 우리 안에 자리한 우상을 제거하여 주시옵소서. 내가 주인인 것, 내 의지대로 살아온 것, 작은 자존심에도 나를 세움을 용서하여 주시옵소서.

    지구는 변하여도 하나님의 말씀은 영원불변하시오니 인간의 생사화복이 주께 있음에 우릴 주관하시는 하나님께 의지합니다. 진리의 말씀으로 교훈과 책망과 바르게 함과 의로 교육하심을 믿는 마음으로 받아 순종하며 살아가게 하옵소서. 주님 앞에 낮아지고 또 낮아져서 나보다 남을 낮게 여기는 겸손함을 주시옵소서.

    하나님, 정말 경제가 어렵습니다. 폐업하는 자영업자, 곳곳마다 가게 임대, 들리는 소식은 직장 퇴사. 정은 메말라 가고 국민들은 살기 어렵다고들 합니다. 소망의 주 그리스도가 계시기에 오늘도 주님의 긍휼을 바라며 주님 전에 모였습니다. 이 긴 코로나를 언제 소멸시키실는지 너무도 오래 견디게 하시는 하나님의 뜻을 알지 못해 원망도 했음을 고백합니다. 낙심하지 않는 믿음을 주셔서 끝까지 남는 자, 인내로 소망을 바라보게 하옵소서.

언제나 곁에 계시는 주님, 홀로 침묵할 때도 홀로 걸을 때에도 홀로 기도할 때에도 네가 부를 때에는 내가 여기 있다 하시는 주님이 계시기에 오늘도 주님을 찾습니다.

하나님, 우리 교회가 주님께 칭찬받는 교회 되길 원합니다. 성도님들 가정 가정마다 평안을 주시옵고 사랑이 가득하여 기쁨으로 주님을 사모하게 하옵소서.

이 시간 말씀 대언하시기 위해 단에 세우신 목사님께 하나님의 은총과 하나님의 능력으로 권능을 주셔서 우리의 비워진 마음에 진리의 말씀을 채워 주시옵소서. 우리의 마음밭에 건강한 씨앗이 뿌려져 말씀을 듣는 우리로 하여금 하나님께 찬송이 되게 하옵소서. 감사드리오며 예수님의 이름으로 기도드렸습니다. 아멘.

2021. 02. 10.

"우리가 그 안에서 그를 믿음으로 말미암아
 담대함과 확신을 가지고 하나님께 나아감을 얻느니라"
(에베소서 3:12)

   만물 위에 계셔서 세세에 찬양을 받으시기에 합당하신 하나님. 이 시간 허물없는 진실을 담아 경배드리오니 우리의 예배를 받으시옵소서.
   죄 많은 우리를 사랑으로 품어 주심에 감사드립니다. 예수님의 십자가와 부활을 믿기도 전에 세상의 쾌락과 죄악, 세상의 교만, 세상의 맘몬에서 우리를 값없이 구속하신 은혜를 생각할 때에 진정 감사는 어떤 표현으로도 부족합니다.
   그럼에도 하나님이 기뻐하시는 것, 하나님의 온전하신 뜻이 무엇인지 말씀으로 교훈하셨음에도 말씀과 어긋난 길을 걸을 때가 많았음을 용서하여 주시옵소서. 배우고 받고 듣고 본 바를 행하며 평강의 하나님이 너희와 함께 계시리라 바울의 가르침일진대 우리는 게을러서 영보다 육에 속한 죄인이었고 믿음으로 받아 행함이 따라야 함을 머리로는 아는데 순종치 못했음을 고백합니다.

건강한 믿음을 주시옵소서. 빛으로 오신 예수님을 닮아 가며 우리의 작은 빛이 사람 앞에 비치어 우리의 선한 행동이 그들로 하여금 하나님께 영광될 수 있도록 인도하여 주시옵소서.

하나님, 이 시국에 먼저 믿음이 나약해지지 않도록 붙잡아 주시옵고, 어려울 때 힘이 되시고 우리의 삶의 이유가 되시는 하나님을 바라보며, 환난 중에도 소망을 잃지 않는 믿음의 성도들 되게 하옵소서. 부작용이 없는 완벽한 백신이 보급되어 불안에서 자유할 수 있는 날이 속히 올 수 있도록 은혜 내려 주시옵소서. 백성들이 경제적으론 기업이 살고 자영업자들이 살고 실업자가 없는 살기 좋은 나라를 꿈꾸게 하옵소서.

이곳에 하나님의 뜻대로 세우신 우리 작은 교회가 작기에 더 아름답고, 작기에 뜻을 모으기에 어려움이 없는 하나 된 몸으로, 사랑 가운데서 하나님의 기쁨이 되는 교회 되게 하옵소서.

이 시간 목사님을 통하여 하나님의 말씀을 듣습니다. 하나님의 능력의 손으로 지켜 주셔서 독수리가 날개 치며 올라가듯 새 힘을 허락하여 주시옵고, 하시는 일마다 형통하게 하옵시고 영육 간의 강건함을 주시옵소서. 감사드리오며 예수님의 이름으로 기도드렸습니다. 아멘.

2021. 02. 19.

"여호와의 율법은 완전하여 영혼을 소성시키며
여호와의 증거는 확실하여
우둔한 자를 지혜롭게 하며"
(시편 19:7)

    사랑이 풍성하신 하나님, 날마다 새날을 주시니 감사드립니다. 은혜를 생각하며 하나님께 감사와 찬양으로 영광 드립니다. 하나님을 예배하며 구원받은 주의 백성 된 기쁨을 누리게 하시니 감사드립니다.
    내가 의인을 부르러 온 것이 아니라 죄인을 불러 회개시키러 왔노라 하신 주님, 의인은 오직 예수님 한 분이오니 죄 많은 우리의 허물을 용서하여 주시옵소서.
    우리의 믿음이 약해질 때, 근심 걱정이 생길 때, 마음이 상실될 때 나약해지지 않도록 붙잡아 주시옵고 소망과 용기가 솟아나는 은혜로 충만함을 주시옵소서.
    이 시대의 위기를 기회로 역전할 수 있는 은혜를 주셔서, 평온했을 때 영적 목마름을 게을리했던 우리입니다. 더욱 갈급한 심령을 주셔서 깨닫게 하시고 천국의 소망을 바라보게 하옵소서.

한 영혼을 천하보다 귀하게 여기셔서 상한 갈대를 꺾지 아니하시며 꺼져 가는 등불을 끄지 아니하시는 주님. 우리 교회 성도님들 한 분 한 분 기도의 제목과 품은 소망을 이루어 주시옵고 이 지역의 예수님을 모르는 자들에게 한 사람이 한 영혼 구원에 열심을 다하는 성도 되게 하옵소서.

주님이 잡히시기 전 세상에 남은 제자들을 위하여 하나님과 예수님이 하나 된 것같이 제자들을 보전하사 하나 되게 해 달라고 기도하시던 예수님의 본을 받아, 우리가 아버지를 영화롭게 하게 하시어 유일하신 하나님을 알아 가게 공동체로 하나 되게 하옵소서.

이 시간 말씀을 듣고자 합니다. 목사님께 영육 간에 강건하심을 주시옵고 말씀을 들음으로 우리의 심령이 변화되게 하옵소서. 꿀송이 같은 말씀도 찔림을 받는 말씀도 목마른 영혼 채울 수 있도록 은혜 주시옵소서. 감사드리오며 예수님의 이름으로 기도드렸습니다. 아멘.

2021. 02. 26.

"여호와께서 사람의 걸음을 정하시고
그의 길을 기뻐하시나니"
(시편 37:23)

　변함없으신 사랑으로 선한 길을 예비하시는 하나님 사모하는 마음으로 주님께 영광과 찬양을 드립니다. 온 인류 역사의 주인으로서 만물을 섭리하시고 복종케 하시는 하나님. 지금까지도 인도하신 은혜 감사드립니다.
　어느 장로님이 20년 넘게 역임하시면서 대표 기도 때 원고를 써서 기도하시지만 여전히 떨리신다고 합니다. 감히 낮고 낮은 죄인이 떨리는 마음으로 하나님께 드리는 기도가 하나님께 상달되길 소원하면서 드리오니 긍휼을 베풀어 주시옵소서.
　하나님이 우리를 세우심은 그리스도로 말미암아 구원을 얻게 하시고 깨든지 자든지 주님과 함께 살게 하시려고 달란트와 직분도 주셨지만 권면하라고 주신 직분의 역할을 다하지 못함을 용서하여 주시옵소서. 입으로는 찬송을 부르고 주님을 찾기는 하나 온전히 주님을 향한 나의 헌신이 있었나 뒤돌아봅니다.

> **귀를 막고 가난한 자가 부르짖는 소리를 듣지 아니하면** 자기가 부르짖을 때에도 들을 자가 없으리라(잠언 21:13)

우리는 이웃을 위해 소외된 자를 위해 진실로 사랑했는지 가식적인 사랑은 아니었는지 생각해 봅니다.

해산의 고통같이, 모진 겨울을 이겨 내는 나무같이, 물살에 깎이는 돌같이, 고난과 시련 인내를 겪지 않고 피어나는 생명이 없듯이 이 시대에 찾아온 시련이 고난도 축복이라는 말씀을 묵상합니다. 코로나를 인내로 견디어 이 바이러스가 속히 소멸되길 기도하면서 모든 일상이 회복되어 부흥의 역사가 일어나게 하옵소서.

요셉을 통해 애굽을 흉년에서 벗어나게 하시고 가족을 살리며 이스라엘 민족을 구원하게 하신 하나님. 주님의 능력으로 이 나라 권력자들이 나라를 살리며 예수님을 영접하는 믿는 자들 되어 말씀대로 나라를 다스리는 자들 되게 하옵소서.

하나님 감사합니다. 목사님과 만남을 통해 이 지역에 성도님들과 함께 하나님의 기쁨을 찾아 성숙해 가는 믿음의 성도 되게 하옵소서. 목사님 기도의 제목마다 하나님의 뜻 안에서 성취되게 하옵소서. 감사드리오며 예수님의 이름으로 기도드렸습니다. 아멘.

2021. 03. 03.

"비판하지 말라 그리하면 너희가 비판을 받지 않을 것이요 …
용서하라 그리하면 너희가 용서를 받을 것이요"
(누가복음 6:37)

　이스라엘 백성을 출애굽 하여 구름기둥 불기둥으로 언제나 앞서 인도하셨던 하나님. 오늘까지도 우리를 인도하심에 감사드립니다. 날마다 침상에서 주를 기억하며 새벽 주님의 말씀을 읊조려 하나님께 영광 돌리는 나날이 되게 하옵소서.
　무거웠던 죄의 무게, 병마의 고통에서도 죄 사함과 치유의 은혜를 주셨음에도 감사를 소홀히 했음을 용서하여 주시옵소서.
　너희는 나를 본받으라. 그리스도 십자가의 원수로 행하는 자들이 있어 이제도 눈물 흘리며 말한 바울의 교훈을 비추어 볼 때, 우리는 십자가의 은혜에 역행한 일은 없었는지, 알고도 짓는 우리의 가려진 양심에 주님을 외면하진 않았는지 회개의 은혜를 주시옵소서.

　사람의 마음에는 많은 계획이 있어도 오직 여호와의 뜻만이 완전히 서리라(잠언 19:21)

우리가 아무리 계획을 세워도 하나님의 뜻이 아니고는 살아갈 수가 없음을 믿습니다. 개인의 의지, 선택의 의지까지도 허락하신 하나님. 삶의 계획을 세워 살아갈 때에 자신의 탐욕을 멀리하고 하나님의 온전하신 뜻 안에서 세워져 가는 행복한 기쁨의 날이 되길 원합니다. 하나님이 인도하시는 대로 순종하며 따르는 성도 되게 하옵소서.

하나님 사랑합니다. 예수님이 우리를 사랑하신 것처럼 우리 교회를 사랑으로 하나 되게 하셔서 그 사랑이 이웃으로 흘러 흘러 주님과의 연결 고리가 되는 통로가 되게 하옵소서.

말씀 전하시는 목사님 육의 강건하심과 성령의 충만하심으로 은혜를 주시옵고, 지혜를 풍성하게 하셔서 말씀 받는 우리가 건강한 믿음으로 이 지역에 세우신 하나님의 뜻을 이루어 가게 하옵소서. 모든 것 주님께 의탁드리오며 예수님의 이름으로 기도드렸습니다. 아멘.

2021. 03. 07.

"여호와를 경외하며
그의 길을 걷는 자마다 복이 있도다"
(시편 128:1)

   복 주시기를 원하시는 하나님. 하나님께 영광 돌리며 복 받기를 원하여 믿음의 분량대로 복 받을 준비의 그릇을 갖고 왔사오니 채워 주시옵소서.

   바울을 얼굴로는 알지 못하나 전에 핍박하던 자가 믿음의 말씀을 전한다는 소식을 듣고 유대인들이 영광을 하나님께 돌린 것처럼, 세속적이었던 우리의 삶이 변화되어 더욱 믿음이 자라나 겸손히 말씀을 받은 대로 모든 사람에게 본이 되어 그리스도의 향기를 내는 아름다운 공동체가 되게 하옵소서.

   항상 복종하여 두렵고 떨림으로 너희 구원을 이루어 하나님의 자녀답게 살라는 바울의 교훈을 곱씹으며 세상과 구별된 삶이 되어 예수님이 우리에게 주신 계명대로 하나님 사랑, 이웃 사랑 나누는 삶이 되게 하옵소서.

   하나님. 오늘도 우리의 삶을 지켜 주셔서 선한 언행이 일치되게 하시고 가는 곳마다 머무는 곳마다 혀를 주장하여 주시옵소서. 온

순한 혀는 생명나무라 가르침을 받았으니 내가 상처 주어 마음을 상하게 하지 않도록 도와주시옵소서.

 노하기를 더디 하는 것이 사람의 슬기라 하지만 때로는 마음먹은 대로 밖으로 나오는 말로 상처 줄 때가 많음을 고백합니다. 용서하여 주시옵소서. 사랑으로 허물을 덮어 주게 하시고 함께라는 말이 아름다운 것처럼 아무 일에든지 부끄러움이 없고 다툼이 없는 한 공동체가 되게 하옵소서.

 하나님, 긴긴날 코로나로 인해 침체되었던 모든 분야가 봄을 맞아 희망의 소식들로 활기를 찾게 하옵시고, 부자연 부자유한 지금의 현실에서 지난날의 신앙생활이 더욱 소중했음을 깨달아, 온전히 믿음이 회복되게 하시고 성령이 소멸되지 않은 믿음의 백성들 되게 하옵소서.

 이 시기에 더욱 힘드실 목사님들, 영적 양식을 넘치게 하셔서 양들을 푸른 초장으로 인도하심에 어려움이 없게 하옵시고 먼저 목사님께 강건하심을 허락하여 주시옵소서. 성령의 오른팔로 역사하실 줄 믿사오니 감사드리며 예수님의 이름으로 기도드렸습니다. 아멘.

2021. 03. 14.

"그는 시냇가에 심은 나무가 철을 따라 열매를 맺으며
그 잎사귀가 마르지 아니함 같으니
그가 하는 모든 일이 다 형통하리로다"
(시편 1:3)

    하나님께 감사로 기도드립니다. 영광 받으시옵소서. 그들을 보전하사 하나 되게 하옵시고 진리로 거룩하게 하옵시며 나를 보내신 것을 믿게 해 달라고 하나님께 기도하셨던 예수님. 탐욕과 우상에 물들었던 우리를 저버리지 아니하시고 우리를 위하여 사랑으로 베풀어 주신 은혜 진정 감사드립니다.

    빛의 열매는 모든 착함과 의로움과 진실함에 있다고 말씀하셨지만 때로는 눈가림만 하여 겉치레하는 우리의 삶이 아니었는지 회개합니다. 용서하여 주시옵소서.

    하나님보다 더 사랑하는 우상이 우리에게 있다면 대적할 수 있는 하나님의 전신갑주를 입혀 주시옵고 빛의 열매를 맺어 가도록 도와주시옵소서. 지난날들을 생각하면 지금이 더 감사하고 미래는 소망 중에 있사오니 이 환난, 고난도 지나갈 것임에 하나님의 뜻에 따라 우리가 꿈꾸는 소망을 바라보게 하옵소서.

하나님, 날마다 일용할 양식을 주심에 감사합니다. 날마다 헐벗지 않게 입혀 주시니 감사합니다. 날마다 따뜻한 안식처를 주시고 일거수일투족을 지켜 주시니 감사합니다. 주어진 삶에 족한 줄 알고 불의를 보면 피하지 않게 하시고, 가난한 자를 보면 외면하지 않게 하시고, 나의 유익을 구하지 말고 남의 유익을 구하라는 어렵고 힘든 말씀도 깨달을 수 있는 지혜를 주시옵소서.

하나님, 이곳에 하나님의 뜻이 있어 세우신 교회 하나님의 뜻을 따라 우리가 이루어 가게 하옵소서. 모든 성도가 화평과 평안으로 찬양과 기쁨이 넘치는 교회 되길 원합니다. 말씀으로 무장된 교회 되길 원합니다. 크고 작은 일에도 한 몸을 이룰 수 있는 큰 힘을 주시옵고 우리를 사용하셔서 복음이 널리 퍼지게 역사하옵소서.

이 시간 진리의 말씀을 대언하시는 목사님을 성령으로 도우셔서 우리를 향하신 하나님의 뜻을 깨달아 은혜의 시간이 되게 하시고, 말씀에 능력을 더하여 주시옵고, 하시는 계획마다 은혜 가운데 성취되게 하옵소서. 오직 주님만 의지하는 삶 되길 원하오며 예수님의 이름으로 기도드렸습니다. 아멘.

2021. 03. 26.

"여호와께 그의 이름에 합당한 영광을 돌리며 거룩한 옷을 입고 여호와께 예배할지어다"
(시편 29:2)

   우리가 신뢰하는 하나님, 말씀으로 진리를 깨닫게 하시고 사랑으로 인도하시니 감사드립니다. 여우도 굴이 있고 공중의 새도 거처가 있으되 인자는 머리 둘 곳이 없다 하신 예수님. 우리의 죄를 대속하셔서 아버지의 뜻을 이루기 위하여 십자가에 못 박히심을 이 고난 주간 깊이 묵상하며 예수님의 이름 앞에 무릎을 꿇사오니 우리의 낮은 몸으로 주님께 영광되게 하옵소서.
   허물 많고 마음에 가식이 많은 저희들임에도 불구하고 겉 사람과 속 사람이 다른, 깨지기 쉬운 질그릇 같은 우리를 존귀하게 여기시며 끝까지 사랑해 주시니 감사합니다. 그럼에도 우리는 선을 도모하며 모든 사람과 더불어 화목하라는 말씀도 서로 사랑하라는 말씀도 온전히 행하지 못함을 용서하여 주시옵소서.

  우리가 잠시 받는 환난의 경한 것이 지극히 크고 영원한 영광의 중한 것을 우리에게 이루게 함이니(고린도후서 4:17)

하나님, 코로나가 속히 지나가길 원합니다. 바울의 가르침처럼 보이지 않는 영원한 것을 좇아 우리의 성숙된 신앙으로 거듭나 하나님의 크신 뜻을 기다리며 기도할 수 있도록 은혜를 주시옵소서.

이 땅에 화평과 평안을 기뻐하실 하나님. 주님의 백성들을 긍휼히 여겨 주시옵소서. 믿는 자들은 믿는 자리에서, 정치인은 정치인의 자리에서 올바른 소명을 다할 수 있도록 지혜와 총명과 지식을 더하여 주시옵소서. 하나님을 두려워하는 자들 되게 하옵소서.

오늘도 말씀 전하시기 위해 단에 세우신 목사님께 말씀에 능력과 강건하심을 주시옵고 모세를 돕는 아론과 훌과 같은 동역자들을 많이 붙여 주셔서 피곤치 않게 하시고 말씀 위에 영역을 더하여 주셔서 우리의 심령에 감사와 기쁨으로 은혜받는 자리 되게 하옵소서.

이 고난 주간, 예수님의 행적을 제자들에게 가르치신 교훈을 묵상하며 예수님을 판 유다까지도 끝까지 사랑하심을 더욱 깊이 숙고하는 시간 되게 하옵소서. 예수님의 이름으로 기도드렸습니다. 아멘.

2021. 04. 02.

"그들에게 이르시되 기록된 바 내 집은 기도하는 집이 되리라
하였거늘 너희는 강도의 소굴을 만들었도다 하시니라"
(누가복음 19:46)

영원불변하신 하나님. 예수님의 고난 주간과 더불어 꽃이 피는 봄도 찾아왔습니다. 구약을 성취하시기 위해 예수님을 보내 주시고 예정대로 고난 중에도 부활을 믿게 하신 하나님 감사드립니다. 우리의 찬송이 하나님께 영광되길 원합니다.

늘 십자가가 우리의 기쁨인 것은 알지만 유독 고난 주간에 예수님을 더욱 생각나게 하사, 그리스도로 말미암아 하나님의 자녀 되게 하셨으니 감사합니다.

… 너희가 내 말에 거하면 참으로 내 제자가 되고 진리를 알지니 진리가 너희를 자유롭게 하리라(요한복음 8:31-32)

하나님이 우리에게 주신 선택, 자유, 의지를 진리 안에서 마음껏 누릴 수 있도록 자유케 하사 주님만으로 행복한 삶이 되게 하옵소서.

이 땅에 불의한 것, 악에 물든 것, 부정적인 요소들을 고쳐 주소서. 어떤 바이러스도 존재하지 않도록 지켜 주시옵소서. 교회를 멀리하는 자녀나 믿는 자들이 세속에 물들어 안주하지 않도록 도와주시옵소서. 주님을 사랑하는 마음, 교회를 사모하는 마음이 멀어지지 않도록 붙잡아 주시옵소서.

지혜로 땅을 놓으셨고, 명철로 하늘을 세우셨고, 지식으로 바다를 갈라지게 하신 여호와를 믿사오니 우리가 말씀에 역행했던 일일랑 용서하여 주시옵고, 긍휼을 베푸사 자비로 은혜 내려 주시옵소서.

하나님, 북한에도 자유롭게 복음이 전파되길 원합니다. 남북 정치 개념이 달라도 김정은의 마음을 움직여 막힌 철조망이 무너지게 하시고, 전쟁에서 벗어나 자원과 물자 교류, 이산가족들이 자유롭게 왕래할 수 있는 날이 속히 되게 하옵소서.

이곳에 교회를 세우신 하나님, 우리에게 주신 은혜대로 받은 은사가 각각 다르듯이, 받은 은사대로 그리스도 안에서 한 몸이 되어 작은 숫자에 불과한 성도지만 사람은 많으나 일할 자가 없는 교회보다 큰 힘을 발휘할 수 있는 능력과 일들을 주시옵소서.

이 시간 목자의 가르치심을 받고자 합니다. 모든 은혜와 권능으로 충만케 하셔서 목회의 생활이 기쁨이 넘치게 하시고 양들과 하나 되어 건강한 교회 되게 하옵소서. 감사드리오며 예수님의 이름으로 기도드렸습니다. 아멘.

2021. 04. 09.

"오직 우리 주 곧 구주 예수 그리스도의 은혜와 그를 아는 지식에서 자라 가라 영광이 이제와 영원한 날까지 그에게 있을지어다"
(베드로후서 3:18)

　죄가 무엇인지 몰랐던 우리를 율법으로 깨닫게 하시고 복음으로 주님의 몸 된 교회로 인도하시니 감사드립니다. 하나님께서 기뻐 받으시는 참된 예배로 하나님께 영광되게 하옵소서.
　하나님께서 넘치게 부어 주신 은혜를 헤아려 감사가 넘치는 시간 되게 하시고 모든 일에 긍정적인 생각으로 나를 비워 이타적인 삶을 살아가게 도와주시옵소서.
　하나님, 모든 것 사랑으로 감싸 주심에 감사드립니다. 평소에 깊이 느끼지 못했던 소중한 공기도, 없어서는 안 될 물도, 아름다운 자연도 인간의 힘으로는 만들 수 없는 우주 만물을 하나님께서 값없이 주셨음에 너무 감사드립니다. 이 또한 닥친 환난도 하나님의 어떤 경고와 행하실 능력임을 알게 하시고 잠잠히 말씀에 순종하며 살아가게 하옵소서.
　아버지여 주님께서 우리에게 복 받기를 원해 가르쳐 주신 산상수훈도, 우리가 행할 성령의 아홉 가지 열매도 하나님이 원하시는 열매보다 때로는 우리의 세상 열매를 쫓아 살았던 삶을 용서하여 주시옵소서.

못된 열매 맺는 좋은 나무가 없고 좋은 열매 맺는 못된 나무가 없다 했으니 우리로 하여금 좋은 포도나무에 꼭 붙어 있는 가지가 되어 세상 유혹에도 어떤 우상에도 흔들림이 없이 좋은 열매를 맺을 수 있는 믿음을 주시옵소서.

말씀의 문을 우리에게 열어 주사 예수님의 탄생과 십자가와 부활의 역사를 전하게 하시고 그 은혜로 살아가는 우리의 행실이 선한 청지기 역할을 할 수 있도록 지혜를 부어 주시옵소서.

선견자 하나님, 여호와의 눈은 온 땅을 두루 감찰하사 전심으로 자기에게 향하는 자를 위하여 능력을 베푸신다고 했고, 솔로몬도 사람의 행위가 자기 보기엔 모두 정직하여도 여호와는 마음을 감찰하신다고 했습니다. 누군가 변명은 최후의 수단이라 했던가요. 하나님 우리에게 분별할 수 있는 정직한 영을 주시옵고 자아를 포장하지 않는 신뢰하는 마음을 주시옵소서. 우리의 소망 기쁨 자랑의 면류관이 주님 강림하실 때에 칭찬받는 주님의 백성 되게 하옵소서.

이 시간 우리의 마음을 비우고 비운 공간에 하나님의 말씀을 채우고자 합니다. 세우신 목사님의 대언하시는 말씀을 하나님의 말씀으로 받겠사오니 성령의 오른팔로 역사하시어 총명과 지혜로 충만케 하사 목사님의 기도 제목들이 성취되게 하시고 우리에겐 생명의 꽃이 되게 하옵소서. 감사드리며 예수님의 이름으로 기도드렸습니다. 아멘.

2021. 05. 02.

"여호와여 주의 이름을 아는 자는 주를 의지하오리니
이는 주를 찾는 자들을 버리지 아니하심이니이다"
(시편 9:10)

하나님의 말씀은 다 순전하며 하나님은 그를 의지하는 자의 방패시라. 우리의 주권자이신 하나님 피난처 되시며 방패 되시니 감사드립니다.

하나님을 신뢰하며 기쁜 마음으로 찬양과 예배를 드리오니 영광 받으시옵소서. 우리의 입과 진정한 마음의 묵상이 이 시간 주님 앞에 열납되기 원합니다.

사도 바울이 우리에게 주는 교훈의 목적은 정결한 마음, 선한 양심, 거짓이 없는 믿음에서 나오는 사랑이라고 가르침을 받았지만 우리가 살아가면서 지키지 못한 것, 행하지 못한 것, 어쩌면 거짓이라도 이익 앞에 무너지고 말 때가 있음을 고백합니다. 용서하여 주시옵소서. 무릇 사람들의 칭찬에 교만하지 않게 하시고 허망한 거짓말에 좌절하지 않도록 붙잡아 주시옵소서.

하나님, 장애 이용자분들을 통해 많은 것을 깨닫게 하신 것 감사합니다. 잠시라도 마음과 행위로 상대방의 입장이 되어 보는 것.

눈 가리고 30분이라도 생활해 보는 것. 그러면 그들을 100% 이해할까요?

네 손이 선을 베풀 힘이 있거든 마땅히 받을 자에게 베풀기를 아끼지 말며(잠언 3:27)

잠언 저자의 교훈이 생각나니 하나님 앞에 부끄럽습니다. 손이 선을 베풀 힘이 없어서가 아니고, 우리의 육신의 안일함이 끝까지 사랑하셨던 주님을 외면한 건 아닌지 생각해 봅니다.

하나님, 우리의 정한 남은 연수가 얼마나 되나요? 이제 그렇게 살아가길 원합니다. 하나님이 부르시는 날까지 이 땅에 존재하는 것은 덤으로 주신 삶이라고 생각합니다. 우리의 삶을 주님께 맡깁니다. 조금 남았다고 조급함 없이 이전보다 더욱 시간을 아껴 하나님의 뜻을 알아, 요한이 항상 그가 기뻐하시는 일을 행하므로 혼자 두지 아니하셨다고 한 것처럼 끝까지 주님과 동행하며 천국 소망 품게 하옵소서.

하나님, 오랫동안 교회를 지켜 주시고 목사님을 세워 생명의 양식을 주시니 감사합니다. 먼저 건강을 지켜 주시고 하나님께 합당한 기도의 제목들이 성취되어 이 지역에 든든한 버팀목이 되게 하옵소서. 양들은 목자의 음성을 듣고 목자는 양들의 심정을 헤아려 아름다운 공동체가 되게 하옵소서. 감사드리오며 예수님의 이름으로 기도드렸습니다. 아멘.

2021. 05. 09.

"하나님의 말씀은 다 순전하며
하나님은 그를 의지하는 자의
방패시니라"
(잠언 30:5)

    우리의 반석이시며 구속자이신 하나님 우리가 주님을 경배하오니 이 시간의 참 예배를 기쁘게 받으시옵소서. 오직 하나님께 영광되길 원합니다.
    하나님의 교훈과 계명은 정직하고 순결해서 우리에게 든든하게 설 수 있는 힘이 되시오니 우리를 믿음의 연단으로 단련시켜 주시옵소서. 책망과 훈계로 깨닫게 하시고 감동과 감사로 하나님께 나아가게 하옵소서.
    하나님 고백합니다. 우리의 신이 배는 아니었는지요? 우리의 영광이 부끄러움에 있진 않았는지 우리가 천국의 소망보다 땅의 일을 더 생각한 바울이 빌립보교회에 말한 여러 사람 중에 하나는 아니었는지요. 하나님, 용서하여 주시옵고 바꿔 주시옵소서. 착한 행실로 주님께 기쁨이 되게 하옵시고 주님께 진실한 자녀 되게 하옵소서.

하나님, 코로나가 너무도 길게 갑니다. 그래도 희망이 조금은 보이는 백신이 주어졌으니, 이 백신으로 부작용이 없게 연구진들의 지혜를 모아 주시옵고 백신을 맞음으로 완전히 코로나에서 해방되게 하옵소서.

5월 가정의 달, 우리 교회가 기쁨으로 이웃에게 떡을 나누는 은혜를 주셔서 감사합니다. 주는 자의 기쁨과 받는 자의 기쁨이 목사님과 공동체의 하나 된 마음에 즐거움을 더하게 하심을 감사드립니다. 이 지역과 우리 교회가 좋은 만남의 연결 고리가 되게 하시고 막연한 행사가 아닌 진정 나눌 수 있음에 행복한 교회가 되게 하옵소서.

하나님의 뜻대로 세우신 주님의 몸 된 우리 교회 성도님들의 가정을 지켜 주시옵시고 모두 건강한 믿음을 지켜 우리의 영혼을 환난에서 벗어나게 하옵소서.

이 시간 목사님의 설교를 듣습니다. 영과 육의 강건하심을 주시옵고 무엇보다 평안을 주셔서 인도하심에 어려움 없게 하옵시고 축복이 되는 말씀도 책망이 되는 말씀도 우리의 유익을 위하여 연단을 받아 의와 평강의 열매를 맺게 하시는 하나님의 말씀으로 받겠사오니 은혜받는 귀한 시간 되게 하옵소서. 감사드리오며 나의 주 예수 그리스도의 이름으로 기도드렸습니다. 아멘.

2021. 05. 21.

"먼저 그의 나라와 그의 의를 구하라
그리하면 이 모든 것을
너희에게 더하시리라"
(마태복음 6:33)

    진리를 아는 데에 이르기를 원하시는 하나님. 오늘 이 시간도 머리 되신 주님의 교회에 나와 진리를 알아 가게 인도하시니 감사드립니다.
    한없는 사랑과 긍휼을 베푸시는 하나님. 경배와 찬양을 드리오니 성령께서 이 시간 우리에게 임재하셔서 우리로 하여금 영광 받으시옵소서. 주님께서 베푸시는 놀라운 은혜를 체험케 하시고 구원받은 주님의 백성 된 감격을 맛보아 그 기쁨으로 오직 주님만을 높여 드리며 주님만이 우리의 반석과 구원자이심을 믿어 말씀에 순종하며 살아가게 하옵소서.
    먹을 것과 입을 것 마실 것을 부족함 없이 날마다 공급해 주시니 감사합니다. 우리가 정직한 삶을 살아가고 있다고 생각하나 마음을 감찰하시는 하나님께서 우리 안에 있는 작은 죄악까지도 용서하여 주옵시고 악에서 떠나 선을 행하며 화평을 구하게 하옵소서.

주의 눈은 의인을 향하시고 그의 귀는 의인의 간구에 기울이시되 주의 얼굴은 악행하는 자들을 대하신다는 말씀에 따라 우리에게 스스로 악을 멀리하는 지혜를 주시옵고, 모든 것에 결과는 선한 열매로 맺어지는 은혜를 더하여 주시옵소서.

늘 예수님의 은혜를 기억하게 해 주시고 기억으로 그치는 것이 아니라 은혜에 보답하는 삶을 살게 해 주세요. 이기적 삶이 아니라 욕심과 욕망에 사로잡힌 삶이 아니라 사랑의 열매 복음의 열매를 맺어 가는 삶 되게 하옵소서.

이 혼탁한 세상에서 우리 공동체 성도님들 가정 가정마다 방패가 되어 주시고 우리 교회를 은혜가 차고 넘치는 교회 되게 하옵소서.

단에 세우셔서 말씀 대언하실 목사님께 성령의 능력을 부어 주시옵고 마음을 같이하는 동역자들을 많이 보내 주셔서 하나님의 뜻 이루기에 어려움 없게 하옵소서. 예수님의 이름으로 기도드립니다. 아멘.

2021. 05. 29.

"너희는 여호와를 영원히 신뢰하라
주 여호와는
영원한 반석이심이로다"
(이사야 26:4)

    정의의 길을 보호하시며 성도들의 길을 보전하시는 하나님 깊으신 사랑과 은혜 감사드립니다. 그 깊으신 뜻을 헤아려 찬양과 경배로 주님께 영광 돌립니다.

    작은 믿음까지도 지켜 주시고 우리의 허물을 용서하시는 하나님 감사합니다. 주님을 떠나 살 수 없음을 깨닫게 하신 주님, 위로는 주님을 아래로는 약한 자를 생각게 하시고 불쌍한 자를 돕는 것이 여호와께 하는 것이라. 마지막 때에 하나님께 칭찬받는 착한 성도 되게 하옵소서.

    혀를 금하여 악한 말을 그치며 그 입술로 거짓을 말하지 말라 하심을 깊이 새겨 우리의 생각 없이 나오는 말이 타자의 마음에 상처가 되지 않도록 다스려 주옵소서. 우리의 입술의 문을 지켜 주셔서 선한 말로 선한 행동으로 나의 유익을 쫓는 것이 아니라 주님이 기뻐하시는 일을 생각할 수 있도록 인도하여 주시옵소서.

예수님이 자신의 기쁨을 위해 사신 것이 아니라 하나님께 영광과 성도들을 위해 희생과 기도를 아끼지 않으셨던 것처럼 나 또한 나만의 기쁨을 위해 살지 않도록 도와주시옵소서.

하나님, 본격적으로 백신이 보급되고 있사오니 접종함으로 인하여 더 이상 코로나가 발붙이지 못하도록 소멸시켜 주시옵소서. 이 현실에서 믿음의 자세가 안일하지 않게 하시고 편리주의 사상에 물들지 않도록 믿음의 형제들 강건하게 붙잡아 주시옵소서.

속히 예배 후 우리 교회 성도님들과 애찬을 나누며 아름다운 사랑의 교제가 회복되기 원합니다. 하나님 오랜 나날 동안 교회를 지켜 주신 하나님. 사랑과 은혜로 세우신 목사님께 귀 기울이셔서 하나님 앞에 합당한 기도의 제목마다 이루어지게 하옵시고 주님 한 분만으로도 기쁨이 되며 성도들로 인하여 행복한 공동체가 되게 하옵소서. 날 구원하신 주 예수 그리스도 이름으로 기도드렸습니다. 아멘.

2021. 06. 04.

"여호와는 은혜로우시며 의로우시며
우리 하나님은 긍휼이 많으시도다"
(시편 116:5)

    오늘도 함께 아침을 여시고 그리스도 안에서 사랑으로 베푸신 은혜 감사드립니다. 하늘에 계신 아버지께 찬송과 기도로 영광 돌리고자 주님 전에 왔사오니 기뻐 받으시옵소서. 거룩한 예배 소중한 시간에 다른 잡념 틈타지 않게 하시고 오직 주님을 향한 산제사 되게 하옵소서.

    모든 것 감당할 만큼 주신 고난과 만족할 만큼 주신 은혜를 깨닫지 못한 우리의 삶이 아니었나 고백합니다. 하나님보다 더 사랑한 우상이 있다면 용서하여 주시옵소서.

    하나님이 주신 진리 안에서의 자유로 육체의 기회로 삼지 말고 오직 사랑으로 종노릇 하자는 바울의 가르침을 교훈 삼아 벼가 알차게 영글수록 고개를 숙이듯 겸손히 낮은 자세로 예수님이 그러하셨듯이 섬기는 종이 되게 하옵소서.

    하나님, 사리사욕에 눈먼 정치가 어지럽고 경제가 어렵고 만남의 교제가 단절되어 가고 있습니다. 우리는 기도밖에 드릴 것이 없습니다. 하나님의 능력 안에서 정치는 정치가가 경제는 경제가가 무엇이 백성을 위한 정도의 길인가를 옳게 판단하게 하시고 믿는 백성들 바른 분별력으로 구별된 삶 속에 기도의 끈을 놓지 않게 도와주시옵소서.

하나님, 우리는 갈 바를 알지 못합니다. 어지러운 혼란 속에서 하나님이 행하신 뜻을 기다리기에 지쳐 있고 세상적으로 어떤 대답도 확신을 주지 못합니다. 잠언의 저자가 한 말처럼 웃을 때에도 마음에 슬픔이 있고 즐거움의 끝에도 근심이 있습니다. 여전히 마음 한편에는 두려움과 근심이 내포되어 있습니다.

하나님, 이제는 우리 인내의 결과를 보여 주시옵고 하나님이 이곳에 교회를 세우셔서 이루고자 하시는 뜻을 우리를 향하여 이루어 주시옵고 마음 놓고 교제를 나누는 행복한 공동체가 되게 하옵소서.

우리를 인도하시는 목사님을 기억하셔서 평안을 주시옵고 성령님이 함께하셔서 양들과 목자가 한 몸을 이루어 주님만을 위한 주님 때문에 행복한 주님을 기쁘시게 해 드리는 교회 되게 하옵소서. 감사드리오며 예수님의 이름으로 기도드렸습니다. 아멘.

2021. 06. 11.

"너희가 악한 자라도 좋은 것으로 자식에게 줄 줄 알거든
하물며 하늘에 계신 너희 아버지께서 구하는 자에게
좋은 것으로 주시지 않겠느냐"
(마태복음 7:11)

    모든 이름 위에 뛰어난 이름 예수 그리스도, 주님을 높여 드립니다. 홀로 영광 받으시옵소서. 이 시간도 우리 마음의 눈을 밝혀 주시고 하나님의 능력이 지극히 크심을 알게 하시고 경이로우신 하나님 앞에 신령과 진정으로 예배드리게 하옵소서.
    믿음으로 산다는 것은 사랑 안에서 하나님과 깊은 관계 속에 있을 때 불가능을 가능케 하시는 하나님의 능력을 체험하는 것임을 믿습니다. 그럼에도 때로는 나의 의지대로 나의 지식과 재능으로 나를 세움이 있었다면 용서하여 주시옵소서.
    계절의 순환에 따라 각양각색의 꽃과 향기 속에서도 하나님의 신비와 섭리를 느끼게 하시고 우리의 작은 수고로 인해 만민이 기쁨과 즐거움을 느낀다면 그 작은 헌신도 하나님의 사랑 속에 품어 주시옵소서.
    아름다운 자연, 천지 만물을 이 땅에 주신 하나님의 지혜, 지식, 명철을 깨달아 감사와 은혜가 넘치게 하옵소서.

하나님, 이 땅의 백성들을 긍휼히 여겨 주시옵소서. 경제의 어려움 속에서도 청년, 중년 실업자가 없게 하시고 물질에 걱정 없이 나누며 평화를 누릴 수 있는 나라 되게 하옵소서. 하나님, 우리의 기도가 부족해 응답이 더디신가요? 이 현실을 가장 많이 안타까워하실 하나님. 우리의 나태해진 믿음을 회개하며 잠잠히 하나님만 바라보오니 첫사랑의 믿음을 회복시켜 주시옵고 더욱 건강한 믿음으로 진리 안에서 자유하게 하옵소서.

하나님 감사드립니다. 우리 교회를 사랑으로 보듬어 주시며 한 사람의 낙오자 없이 지켜 주시니 진정 감사드립니다. 각 가정마다 병과는 상관없는 건강을 지켜 주시옵고 소망 중에 기도하며 화평을 누리는 가정 되게 하옵소서.

꽃길을 만드는 일 속에 다른 사람의 마음이 있어요. 땀도 흐르고 무릎도 아프고 손도 아파요. 그러나 이 길을 걸을 사람들의 마음을 생각할 때 하나님의 천지창조에 대한 일조라 생각해 일은 힘들지만, 하나님 생각하며 꽃길을 만듭니다.

우리는 어느 곳이든 지주는 아닌데 자유롭게 땅을 밟아요. 누군가 길을 닦아 놔서 고맙게 걸어요. 우리가 하는 일에 하나님 마음이 없으면 노동이에요. 하나님 이 일과 함께하시니 감사합니다.

오늘도 말씀 전하시기 위해 서신 목사님과 함께하셔서 건강을 지켜 주시고 소원하시는 간구마다 응답받는 은혜를 주시옵고 오늘의 귀한 말씀도 우리의 마음밭에 심어져 말씀을 받은 대로 거듭나는 삶을 살아가게 하옵소서. 감사드리오며 예수님의 이름으로 기도드렸습니다. 아멘.

2021. 06. 18.

"낮에는 구름 기둥으로 인도하시고 밤에는 불 기둥으로
그들이 행할 길을 그들에게 비추셨사오며"
(느헤미야 9:12)

사모하는 영혼에게 만족을 주시며 주린 영혼에게 좋은 것으로 채워 주시는 하나님, 인자하심과 선하심으로 행하신 기적을 말씀을 받아 아오니 진정으로 찬송과 영광을 올리옵나이다.

우리의 마음속에 성령님 역사하시어 그리스도의 마음을 품게 하옵소서. 마음으로는 계명을 따라 살려 하지만 온전히 말씀대로 살아 내지 못함을 용서하여 주시옵고 때마다 일마다 감사가 넘치는 삶 되게 하옵소서.

혼탁한 현실 환난 가운데서도 우리의 무기는 기도와 찬양이 되게 하시고, 코로나 위기 가운데서도 후에 보여 주실 하나님의 사랑과 은혜를 바라보며 잘 인내하게 하옵소서.

하나님, 우리에게 시험이 닥칠 때 불쌍한 사람을 외면할 때 맘몬의 유혹에 지배를 받을 때 하나님의 말씀이 생각나게 하시고 말씀을 받은 대로 행하며 실천하는 진정한 그리스도인이 되게 하옵소서. 오직 각 사람이 시험을 받는 것은 자기 욕심에 끌려 미혹됨이라 하셨으니 욕심을 내려놓게 하시고 주신 대로 감사하며 긍정적인 삶을 살아가게 하옵소서.

  이 지역에 우리로 하여금 이웃 사람들의 마음 문이 열리게 하옵시고 그 마음속에 복음이 들어가도록 인도하여 주시옵소서. 하나님만이 하실 수 있는 능력을 믿사오니 주님과의 다리, 연결 고리가 될 수 있는 역할을 잘 감당하게 하옵소서.

  우리 교회 목사님을 비롯해 성도님들 가정 가정마다 평화를 주시옵고 날마다 주님의 이름 때문에 기뻐하는 가정 되게 하옵소서.

  이 시간 주님을 기억하며 가르침을 받기 위한 참예배가 되게 하옵시고 말씀을 전하시는 전도사님께 은혜받는 귀한 시간 되게 하옵소서. 감사드리오며 예수님의 이름으로 기도드렸습니다. 아멘.

2021. 06. 25.

"말씀이 육신이 되어
우리 가운데 거하시매
우리가 그의 영광을 보니
아버지의 독생자의 영광이요
은혜와 진리가 충만하더라"
(요한복음 1:14)

우리의 반석이시며 방패가 되시고 정의와 진실 공의로우신 하나님께 오늘이 있게 하심을 감사드립니다. 하나님을 영원히 찬양하는 주의 백성 되게 하셔서 하나님께 영광 돌리는 은혜가 있게 하옵소서.

우리 안에 두 마음이 있사오니 작은 죄악도 용서하여 주시옵소서. 미워하는 마음이 생길 때, 시기하는 마음이 생길 때, 육신을 위한 유혹이 들어올 때 악한 영을 물리쳐 주시옵고, 오직 거룩하고 착한 행실로 선한 영을 덧입혀 주시옵소서.

그리하여 분노를 품게 하시려거든 모세나 예수님처럼 개인의 유익을 위한 분노가 아니라 거룩한 분노가 되게 하시고, 고난을 주시려거든 십자가를 위한 복음 때문에 받는 고난이 되게 하옵소서.

참으로 고마우신 하나님. 우리를 창조하시고 지으신 여호와께서 우리가 물 가운데로 지날 때에 강을 건널 때에 불 가운데로 지날 때에도 함께하시겠다 말씀하셨사오니 우리는 주님과 함께라면 어디를 가든 무엇을 만나든 두려울 것이 없습니다. 살리시는 이도 걷으시는 이도 하나님이시오니 사는 날까지 주님만 의지하며 순종하는 삶을 살아가게 하옵소서.

하나님, 우리 교회가 주님의 일꾼 되길 원합니다. 몸과 마음 몸소 주님이 행하신 일들을 기억하며 가르치심을 받아 세상으로 나가 예수님의 모형이 되게 하옵소서. 속히 코로나가 소멸되어 애찬을 나누며 사랑으로 하나 되는 시간 되게 하시옵고 전도의 문이 열리게 하옵소서.

우리 교회 목사님의 기도 응답이 더디지 않게 하시옵고 말씀 전하는 전도사님께 성령의 충만함을 덧입혀 주셔서 진리의 말씀이 우리 안에 복음의 열매로 맺어지게 하옵소서. 귀한 시간도 감동과 회개로 은혜 되는 시간 되기 원하오며 우리 주 예수 그리스도 이름으로 기도드렸습니다. 아멘.

2021. 07. 02.

"비록 무화과나무가 무성하지 못하며 포도나무에 열매가 없으며 …
외양간에 소가 없을지라도 나는 여호와로 말미암아 즐거워하며
나의 구원의 하나님으로 말미암아 기뻐하리로다"
(하박국 3:17-18)

　금요일 밤 예배로 전을 향해 발걸음을 인도하신 하나님께 감사드립니다. 이 시간도 온전히 주님께 영광 돌리는 귀한 시간 되게 하옵소서.
　내가 주께 감사하옴은 나를 지으심이 심히 기묘하심이라 했던 다윗의 말을 기억합니다. 그 많은 인류 중에서도 지문 하나 같은 사람이 없고, 저마다 다른 모양으로 지으셔서 다양한 달란트를 주시며, 믿음의 분량대로 주님을 섬기게 하시니 하나님을 진정 경외합니다.
　우리는 하나님의 지으신 대로 존귀한 존재임에도 종종 죄를 범하오니 용서하여 주시옵고 악한 영을 제거하여 주시되 선한 영으로 채워 주시옵소서. 우리는 믿음으로 구원을 받았지만 여전히 죄로부터 벗어나려 구원받고 있는 성도로서 완전한 구원에 이를 때까지 성령님 도움으로 죄와 싸워 이겨 내고 겸손히 나를 낮추는 삶이 되게 하옵소서.

하나님의 뜻대로 하는 근심은 후회할 것이 없는 구원에 이르게 하는 회개를 이루는 것이요 세상 근심은 사망을 이루는 것이니라(고린도후서 7:10)

이 환난 가운데 우리의 세상 근심을 내려놓게 하시고 오직 주만 바라며 말씀으로 살아 내는 주님을 위한 근심이 되게 하옵소서.

길어지는 코로나 가운데서도 인내하며 하나님의 뜻을 알아 가게 하시옵고 온 국민이 2차 접종 후엔 완치되는 기쁜 소식이 들리게 하옵소서.

우리 교회를 사랑으로 지켜 주신 하나님 감사합니다. 각 가정마다 기도의 제목과 세워진 목표가 주안에서 화평을 이루는 가정 되게 하옵소서. 하나님, 우리를 하나님이 들어 쓰시기에 부족함이 없는 일꾼으로 삼아 주시옵고 가르치는 목자나 가르침을 받는 양들이 하나 되게 하옵소서.

하나님의 말씀을 붙잡고 단에 세우신 전도사님, 말씀 충만 성령 충만 영육 간에 강건하심을 주셔서 은혜와 감사가 넘치는 귀한 시간 되게 하옵소서. 감사드리오며 예수님의 이름으로 기도드렸습니다. 아멘.

2021. 07. 09.

"모든 지킬 만한 것 중에 더욱 네 마음을 지키라
생명의 근원이 이에서 남이니라"
(잠언 4:23)

    우리의 죄를 대신하여 피의 언약으로 십자가에 못 박혀 돌아가신 금요일 밤, 그 은혜와 감동을 잊지 못해 하나님의 인도하심에 따라 하나님의 전에 왔사오니 기뻐 받으시옵소서.
    하나님 안에 감추어진 비밀을 우리가 보물을 찾듯 하나하나 캐내어 우리를 진리 안에서 자유케 하시고 하나님께 영광 돌리는 귀한 시간 되게 하옵소서. 혹여 믿음을 점검해 볼 때 경건의 외양만 갖추는 신자는 아니었는지 우리의 불순종을, 말씀대로 온전히 살아 내지 못함을 용서하여 주시옵소서.
    코로나로 인한 인고 속에서도 소망을 보게 하시고 터널 끝에 광명의 빛이 있음을 인내로 기다리는 주님의 백성 되게 하옵소서.
    하나님, 배려라는 단어는 큰 무게로 다가오는 건 아닌 것 같으나 때때로는 왜 그렇게 어려운지요. 신호등 없는 사거리에서 여러 모습의 운전하시는 분을 봅니다. 차가 오는 것을 보고 꾸벅 인사하며 두 손으로 먼저 가시라는 표현을 하면 어떤 사람은 정중히 인사하며 가고, 어떤 사람은 인사하며 먼저 건너가라고 손짓하고, 어떤 사람은 인사하기도 전에 달리는 사람을 봅니다. 그래도 작은 배려가 하루 시작의 기쁨인 것을 느끼며 걷습니다.

우리 마음의 시선은 하나님을 향하게 하시고, 이웃의 시선엔 어려운 자를 외면하지 않게 행함으로 온전한 삶을 살아 내는 우리가 되게 하옵소서.

여름 장마가 시작되었습니다. 어느 곳에서든지 인명, 재난 피해가 나지 않게 보호해 주시옵소서.

이 시간도 우리의 마음밭에 말씀을 심으려고 전도사님을 세우셨는데 심기어진 대로 열매를 거둘 수 있도록 전도사님께 성령으로 충만한 은혜를 주시옵고 전도사님의 품은 뜻 주님 안에서 이루어지게 하옵소서. 감사드리오며 예수님의 이름으로 기도드렸습니다. 아멘.

2021. 07. 16.

"무엇이든지 구하는 바를 그에게서 받나니
이는 우리가 그의 계명을 지키고
그 앞에서 기뻐하시는 것을 행함이라"
(요한1서 3:22)

구원을 베푸시는 전능자이신 하나님 은혜에 감사드립니다. 우리를 통해 기쁨이 되시고 우리의 찬양으로 영광 받으시옵소서.

우리의 삶이 주인으로서 갈 바를 알지 못하던 죄인들을 지금까지도 사랑으로 눈동자같이 지켜 주셔서 감사드립니다.

… 지혜로운 자는 그의 지혜를 자랑하지 말라 용사는 그의 용맹을 자랑하지 말라 부자는 그의 부함을 자랑하지 말라 자랑하는 자는 이것으로 자랑할지니 곧 명철하여 나를 아는 것과 나 여호와는 사랑과 정의와 공의를 땅에 행하는 자인 줄 깨닫는 것이라 나는 이 일을 기뻐하노라 여호와의 말씀이니라(예레미야 9:23-24)

우리가 자랑할 것은 지식도 재물도 나를 세움도 아니요, 오직 예수님의 십자가밖에 없사오니 행여라도 교만이, 악한 행실이, 탐욕이 우리 안에 자리하면 용서하여 주시옵고 바른 회개로 바로 서게 하옵소서.

믿는 자들에겐 물질의 부요보다 믿음의 부요를 주시옵고, 믿음으로 아브라함도 라합도 행함으로 의롭다 하심을 받은 것처럼 우리가 그들의 발자취를 밟아 가게 하옵소서. 간혹, 세상의 시선이 차갑게 느껴질지라도 진리 때문에 행복한 성도 되게 하옵소서.

날이 갈수록 코로나 발생률이 높아지고 있습니다. 정말 이 위기 속에서 불신앙인들이 신을 찾고자 한다면 유일신이신 하나님을 믿게 해 주세요.

불순종했던 이스라엘 백성이 회개하고 돌아오길 끝까지 사랑으로 기다리셨던 하나님, 먼저 믿는 자들이 하나님을 떠나 믿음으로는 죽었던 자들이 다시 회개하고 돌아올 수 있도록 그들의 마음을 움직여 주시옵소서. 더욱 기도에 힘쓸 때임을 깨닫게 하시고 온 백성들이 정부의 시책에 바르게 따를 수 있도록 정직한 마음을 주시옵소서.

우리 교회 성도님들 가정마다 마음의 평안을 주셔서 주님으로 인한 행복이 넘치는 믿음의 가정 되게 하옵소서.

이 시간 진리의 말씀을 대언하기 위해 세우신 전도사님. 품은 꿈이 주님 안에서 합당한 꿈이 되게 하시고 영적 부요함과 건강의 축복을 주셔서 하나님 일하는 데 어려움 없게 도와주시옵소서. 감사드리오며 예수님의 이름으로 기도드렸습니다. 아멘.

2021. 07. 23.

"내가 여호와를 항상 송축함이여 내 입술로 항상 주를 찬양하리이다"
(시편 34:1)

    고맙고 참으로 좋으신 하나님. 하나님께 기쁨으로 찬송과 예배로 영광 돌리오니 받아 주시옵소서. 하나님께 귀속된 자녀로서 아버지께 사랑받는 성도 되길 원합니다.

    선을 알기 위해 악을 알게 하시고 말씀으로 분별할 수 있는 능력을 부여하시는 하나님. 날마다 우리의 삶이 선한 아름다움이 될 수 있도록 분별력이 흐려지지 않게 도와주시옵소서.

    너희는 말씀을 행하는 자가 되고 듣기만 하여 자신을 속이는 자가 되지 말라는 야고보의 글을 인용하면, 우리는 말씀을 듣고 있었음에도 행하지 못한 것이 얼마나 많은지 자신을 속인 죄 용서하여 주시옵소서. 지식은 가르침에 있고 지혜는 나눔의 봉사일진대 작은 지식에 교만은 없었는지, 있다면 이 또한 용서하여 주시옵소서.

    하나님, 아직도 코로나로 인해 100% 완치될 수 있는 신약이 발명되지 않은 것 같습니다. 세계 의학 연구진들에게 지혜와 지식과 열정을 주셔서 하루 속히 한 번에 박멸할 수 있는 능력을 주시옵소서.

그리하여 나태해진 믿음이, 질서 없이 하나님 앞에 드리는 제사가 회복되어 하나님의 몸 된 교회로 모두 나와 다시금 부흥의 회개 역사가 불붙듯 일게 하옵소서.

하나님, 우리의 눈과 생각으로 볼 때는 이 지역이 복음을 전파하기엔 여의치 않은 것 같지만 그것은 우리의 생각일 뿐 하나님이 능력을 부여하시면 능치 못하심이 없으심을 믿사오니 우리로 하여금 전도의 문이 열리며 마음이 가는 선한 행실로 이웃에 본이 되어 믿는 자들의 숫자가 늘어나 하나님께 기쁨이 되게 하옵소서. 먼저 내 가족, 내 친척이 믿어 믿음의 행복한 가정 되게 하옵소서.

이 시간 말씀 전하실 목사님께 성령 충만하신 은혜를 주셔서 말씀 받는 우리 안에 심어져 씨앗이 복음의 열매로 맺어지게 하옵소서. 목사님의 건강을 책임져 주시고 하나님 일하는 데 어려움 없이 기도의 제목들이 이루어지게 하옵소서. 감사드리오며 예수님의 이름으로 기도드렸습니다. 아멘.

2021. 07. 30.

"너희는 여호와의 선하심을 맛보아 알지어다
그에게 피하는 자는 복이 있도다"
(시편 34:8)

   환난 중에도 피할 길을 주시고 하나님은 우리의 방패가 되시오니 그 은혜 너무도 감사드립니다. 이 시간 하나님께 진정과 신령한 예배로 영광 돌려 드립니다.
   우리 안에 날로 새로워지는 영을 부어 주시사 진리를 벗어나지 않게 하시고 날마다 어디서든 주님을 예배하는 자로, 기도하는 자로, 순종하는 자로 흔들리거나 좌절하지 않도록 강건하게 붙잡아 주시옵소서.
   세상보다도 더 큰 권세로 통치하시는 하나님. 때로는 우리가 개인의 유익을 위해 기도 제목을 세워 놓고 하나님보다 앞서가며 하나님의 응답을 기다렸음을 회개하오니 용서하여 주시옵소서.
   지금 농촌은 태양이 작열하는 한여름에도 90이 넘은 할머니들이 일당 7만 원을 벌려고 밭으로 일하러 가십니다. 마음이 저려 옵니다. 그에 비하면 미안한 생각이 들어 운동하러 갈 때마다 운동 기구 주위에 휴지, 담배꽁초, 음료수병을 줍고, 새똥이 많은 정자를 청소합니다. 작은 것에서부터 충실하고 진심 어린 행실이 되게 하옵소서.

인생은 그 날이 풀과 같으며 그 영화가 들의 꽃과 같도다(시편 103:15)

하나님, 우리 생의 마감 앞에는 미운 기억보다는 좋은 사람의 이미지로 남게 하시고, 사는 동안 이 땅에서도 천국을 누리며 하나님 나라의 천국을 소망하게 하옵소서.

하나님의 긍휼을 더욱 간절히 구할 때인 거 같습니다. 이 백성들 불쌍히 여겨 주셔서 누구나가 기도하는 코로나를 소멸시켜 주시옵소서. 우리 시대에는 한 번도 겪어 보지 못한 역사에 나오는 전쟁의 시대 같습니다. 총, 칼이 없는 바이러스와의 전쟁. 하나님 이 땅을 고쳐 주시옵소서.

계명대로 순종하여 하나님 나라를 바로 세워 가는 우리 교회가 되길 원합니다. 사명을 잘 감당하는 교회 되게 하시옵고, 먼저 목사님께 은혜를 더하여 주셔서 양들의 길을 잘 인도하게 하시옵고, 각 가정마다 믿음으로 승리하게 하옵소서.

이 시간 영의 양식을 양들에게 먹이려고 단에 세우신 하나님의 종을 기억하셔서 말씀 충만 은혜 충만 육의 강건하심을 주시옵고 날마다 주님 때문에 행복한 삶이 되게 하옵소서. 감사드리며 예수님의 이름으로 기도드렸습니다. 아멘.

2021. 08. 04.

"자녀들아 이제 그의 안에 거하라 이는 주께서 나타내신 바 되면
그가 강림하실 때에 우리로 담대함을 얻어
그 앞에서 부끄럽지 않게 하려 함이라"
(요한1서 2:28)

　십자가의 고난과 순종으로 부활의 역사를 보여 주신 예수님, 영원한 구원의 근원이심을 감사드립니다. 예배드리는 귀한 이 시간에도 하나님 기업의 영광이 풍성하여 영의 귀와 마음의 눈을 밝혀 하나님만을 높여 드리는 귀한 시간 되게 하옵소서.

　평안을 너희에게 끼치노니 곧 나의 평안을 너희에게 주노라 내가 너희에게 주는 것은 세상이 주는 것과 같지 아니하니라 너희는 마음에 근심하지도 말고 두려워하지도 말라(요한복음 14:27)

　세상의 부요함은 편안을 줄 수는 있어도 예수님 때문에 받는 평안과는 비교할 수도 없음을 깨닫게 하시니 감사드립니다. 하나님이 기뻐하시는 것, 미워하시는 것, 심판과 복, 하나님의 뜻까지도 가르쳐 주셨음에도 말씀을 멀리한 무지함을 용서하여 주시옵소서.

정이 메말라 가고 교제가 단절되어 가고 믿음이 나약해지기 쉬운 이때 못 볼 것을 보지 않게 하시고, 듣지 않아도 될 것엔 귀를 막아 주시고, 깨어 있어 시험에 들지 않도록 주님의 반석 위에 든든히 세워 주시옵소서.

무더운 여름이 가고 가을이 오기 전에 코로나로 인한 걱정과 재앙 사건이 물러가게 하시옵고 예배, 경제, 건강, 관계가 회복되어 온전한 믿음과 사랑과 은혜가 충만케 하옵소서.

예수님을 영접하기 전 세상 풍속을 좇고 권위자에겐 굴복하고 입고 먹고 즐기는 일이 일상적이었던 우리를 죄에서 구원해 주신 크고 놀라우신 은혜, 어떤 표현으로도 부족하온데 주님 앞에 드릴 것 몸밖에 없사오니 주님의 이름으로 헌신할 수 있는 곳곳에, 예수 안에서 선한 일을 위하여 지으심받는 대로 행할 수 있는 큰 일꾼 삼아 주시옵소서.

하나님, 우리 교회 목사님을 비롯해 공동체를 사랑해 주셔서 지금까지도 지켜 주셨음에 감사드립니다. 그 은혜 보답할 수 있도록 우리의 소명 사명을 잘 감당할 수 있는 교회 되게 하옵소서.

이 시간 말씀을 듣습니다. 우리 마음의 귀가 열려 은혜받는 시간 되게 하옵소서. 세워진 그리스도 안에서의 계획이 하나님 앞에 합당한 제목 되어 열매 맺게 하옵소서. 감사드리오며 예수님의 이름으로 기도드렸습니다. 아멘.

2021. 08. 08.

"만일 하나님이 그로 말미암아 영광을 받으셨으면
하나님도 자기로 말미암아 그에게 영광을 주시리니 곧 주시리라"
(요한복음 13:32)

    그리스도 안에서 우리를 택하시고 예수님으로 말미암아 아들들이 되게 하사 사랑 안에서 하나님 은혜의 영광을 찬송케 하시려고 주님의 몸 된 교회로 발걸음을 인도하시니 감사드립니다.
    하나님의 자녀로 사는 길, 험난한 광야의 여정에서 우리의 심령이 새롭게 되어 세상과 구별된 삶으로 빛과 소금의 역할을 잘 감당해 나가는 성도 되게 하옵소서. 우리의 할 일은 기도이고 이루시는 분은 하나님이시오니 하나님의 기쁘신 뜻을 위하여 우리 안에 소원을 두셨음에 행하는 자 되게 하옵소서.
    하나님, 지체 중에 짧고 길고 가늘고 굵은 것에 우리로 하여금 비교는 하면서도 붙어 있어야 하는 존재의 이유를 사랑하지 못했음을 용서하여 주시옵소서. 지체의 어느 한 부분에 작은 가시가 찔려도 아픔을 알면서 공동체의 소중함을 귀히 여기지 못했습니다. 우리 한 공동체인 성도님들을 사랑으로 관심으로 동역자로 그리스도 안에서 하나 되길 기도합니다. 때를 따라 비를 내려 주시고 자연의 색깔도, 각양각색 꽃들도 한 올 한 올이 섬세하고 아름다운데 그 뒤에 더 큰 능력을 초월하시는 하나님. 이 땅의 백성들 긍휼히 여겨 주셔서 코로나가 속히 종식되게 하옵소서. 너무나 많은 사람들이 고통받고 있습니다. 닫혀 있던 교회 문이 열리고 거리두기가 사라지고 소상공인들이 마음 놓고 장사할 수 있고 경제가 회복되고 바른 정치 위에 화평을 이루는 날이 속히 오길 간절히 기도합니다.

화평하게 하는 자들은 화평으로 심어 의의 열매를 거둔다고 했으니 우리 교회가 선한 열매를 맺어 가는 매개체가 되게 하옵소서.

오늘의 귀한 시간 하나님의 말씀을 듣고자 합니다. 이 교회 세워주신 목사님, 그 품은 뜻을 이루시되 건강하심의 축복과 말씀의 은사를 더하여 주시옵소서. 성도님들이 말씀을 받는 대로 읽은 대로 감동을 받아 혼자만이 갖고 있는 지식이 아니고 행하여 나눌 수 있는 지혜를 더하여 주셔서 아름다운 교회 성숙한 교회 건강한 교회로 인도하여 주시옵소서. 감사드리오며 예수님의 이름으로 기도드렸습니다. 아멘.

2021. 08. 13.

"천국은 마치 밭에 감추인 보화와 같으니
 사람이 이를 발견한 후 숨겨 두고 기뻐하며
 돌아가서 자기의 소유를 다 팔아
 그 밭을 사느니라"
(마태복음 13:44)

    정직한 자를 위하여 완전한 지혜를 예비하시며 행실이 온전한 자에게 방패가 되시는 하나님. 오늘도 우리를 하나님 품 안에 거하게 하시옴에 감사드립니다. 온전히 하나님께만 경배드리는 귀한 시간 되게 하셔서 영광 받으시옵소서.

    참빛으로 세상에 오셔서 진리로 하나님 안에서 행한 것임을 나타내시고 스스로 본을 보이시며 너희도 이렇게 살라 하신 예수님, 우리는 때론 연약하여 빛보다는 어두움을 더 사랑하지 않았는지 순간순간의 죄악 된 생각을 용서하여 주시옵소서. 허물을 덮어 주는 자는, 사랑을 구하는 자라 했는데 덮어 주기보다는 욕심 때문에 자신이 시험 들 때가 있음을 고백합니다. 시험에 들지 않도록 관용하는 마음을 주시옵고 첫째 되는 계명을 순종하며 실천해 나가는 성도 되게 하옵소서.

입추가 지나 가을 문턱에 섰습니다. 하나님, 이 가을엔 농부의 풍요로움과 수고의 열매가 많이 있게 하시고, 코로나가 물러가 예배가 경제가 관계가 회복되어 믿음의 백성들의 성령의 열매를 맺을 수 있도록 은혜를 베풀어 주시옵소서.

일자리를 구하지 못해 어려움을 겪는 사람들이 많이 있습니다. 이 땅에 젊은 세대들에게 임시방편의 빵보다 진리 안에 서서 일거리를 창출할 수 있는 정의의 정치가들이 바로 서게 하시고 국민의 의무를 다하는 국민을 위한 참일꾼을 뽑을 수 있는 국민들의 눈이 바로 보게 하옵소서.

하나님, 우리 교회를 지켜 주셔서 감사합니다. 예배드리는 곳곳마다 주님만 바라보는 은혜의 감사를 잊지 않게 하여 주시옵고, 인내로 코로나를 잘 이겨 나갈 수 있도록 건강의 회복도 함께하여 주시옵소서.

오랫동안 묵묵히 교회를 이끌어 오신 목사님의 헌신을 기억하셔서 참뜻을 이루게 하시고, 건강의 강건하심도 베풀어 주시옵소서. 이제 하나님의 말씀을 듣습니다. 하나님의 말씀으로 받게 하옵시고 말씀 전하시는 목사님, 성령 충만하심과 품은 뜻 안에서 하나님께 합한 자 되어 소망이 이루어지게 하옵소서. 함께 계심을 감사드리오며 예수님의 이름으로 기도드렸습니다. 아멘.

2021. 08. 20.

"너희 아버지의 자비로우심 같이 너희도 자비로운 자가 되라"
(누가복음 6:36)

    참 좋으신 하나님. 날마다 함께하여 주시옵고 밤마다 말씀을 묵상하게 하시옵고 하루를 반성하며 감사를 드리는 은혜의 날들을 허락하시오니 감사드립니다. 못다 갚은 은혜 잊지 않게 하셔서 채무자로서의 겸손한 마음으로, 은혜에 보답해 나가며 하나님께 영광과 찬양이 되게 하옵소서.

    오늘이 있기까지도 하나님의 인도하심과 넘치는 사랑이 있었기에 자녀 된 기쁨으로 하나님께 영광 올립니다. 우리의 입에서 기도가 멈추지 않게 하시옵고 간구하는 기도가 이타적인 삶을 지향하는 기도 되게 하옵소서.

    야고보는 너희가 얻지 못함은 구하지 아니하기 때문이고 구하여도 받지 못함은 정욕으로 쓰려고 잘못 구하기 때문이라고 했습니다. 우리의 잘못 구함이 있었다면 용서하여 주시옵고 오직 선을 위한 기도가 되게 하옵소서.

    어느 날 핸드폰에 실려 온 글을 읽었습니다. 낡은 트럭을 몰고 가던 젊은이가 허름한 차림의 노인을 발견하고 목적지까지 모셔 드리며 25센트를 차비에 쓰시라고 드렸습니다. 굳이 명함을 달라고 해서 드리고는 잊고 살던 어느 날, 그가 소천하면서 유언장을 남겼는데, 그 명함 뒷장에 '세상에서 가장 친절한 사람'이라고 적혀 있었습니다. 결국 많은 돈이 젊은이에게 주어졌습니다. 내가 일하는 곳에 이 글을 읽어 주고 성경 말씀이 생각나 자비를 베푼 사마리아인 얘기를 신이 나게 들려주었습니다. 하나님, 때때로 말씀이 생각나게 하시고 듣는 이에게 전할 수 있는 지혜를 주셔서 우리가 진정한 이웃임을 그들이 알게 하옵소서.

이 땅에 사는 동안 누군가는 해야 할 일이 있기에 남이 하지 않는 일도 많은 사람들의 즐거움과 기쁨을 줄 수 있다면 선한 일로 예수님의 빛을 발하게 하옵소서. 그리하여 우리를 복음의 동역자로 부르셨음에 복음을 전하는 일꾼으로 사용하여 복음의 열매가 맺어져 가게 하옵소서.

우리 교회를 지켜 주시고 성도님들 사랑하심에 영적으로 부요함을 주시옵고 믿음으로 행복한 가정 되게 하옵시고 치료자의 하나님께서 함께하여 주시옵소서. 예수님의 이름으로 기도드렸습니다. 아멘.

2021. 08. 25.

"삼가 말씀에 주의하는 자는 좋은 것을 얻나니
여호와를 의지하는 자는 복이 있느니라"
(잠언 16:20)

    천지를 창조하사 만물 위에 계시고 세세토록 찬양받으시기에 합당하신 하나님. 오늘도 우리를 저버리지 아니하시고 기억하사 성전으로 인도하심을 감사드립니다. 우리의 걸음을 정하시고 그 길을 걷는 자를 기뻐하시며 넘어질 때도 있으나 아주 엎드러지지 아니함은 하나님께서 우리를 붙들어 주심을 믿사와 감사드립니다. 은혜에 감사 기쁨으로 경배드리오니 영광 받으시옵소서.
    하나님을 따라 의와 진리의 거룩함으로 지으신 대로 새 사람을 입으라 가르침을 받았음에 교회 오는 이 시간도 거룩한 시간이 되게 하옵시고, 삶에 있어 어디서든 진리를 알아 가며 실천해 나가는 성도 되게 하옵소서.
    하나님, 때로는 욕망의 노예로 살 때가 있음을 고백합니다. 하나님을 경외한다고 입으로 마음으로 착각하면서 외식할 때가 있었음을 용서하여 주시옵소서. 우리 안에 죄악 된 생각과 어둠을 빛으로 인도하사 선한 길로 빛의 열매를 맺어 가게 하옵소서. 환난 중에도 하나님만 바라보게 하시고 더 이상 소망이 보이지 않는 막힌 굴이 아니라, 터널 뒤에 광명의 빛을 향해 마지막까지 남은 자의 구원을 이루는 주님의 백성 되게 하옵소서.

미국 역대 대통령들이 성경책 위에 선언한 진정한 모습처럼 선의의 경쟁으로 진리와 정의에 바로 선 대통령이 선출되도록 국민의 눈이 바로 보게 하시고, 경제를 회복시키고 나라가 안정된 평화를 이룰 수 있는 대통령을 세워 주시옵소서.

하나님 감사합니다. 우리 교회를 사랑해 주셔서 여기까지도 인도하심에 하나의 공동체로 내가 아닌 우리가 한마음 한뜻으로 선한 일을 이뤄 가며 하나님의 뜻에 합당한 열매 맺어 가게 하옵소서. 각 가정마다 건강을 지켜 주시옵고 근심이 없게 하사 주님 앞에 기쁨이 넘치게 하옵소서.

이곳에 목사님을 세우심을 감사드립니다. 권능으로 성령을 덧입혀 주시옵고 간구하시는 것마다 응답하셔서 하나님의 영광과 우리의 기쁨이 되게 하시고 이 마을에 본이 되게 하셔서 우리로 하나님의 뜻을 바르게 받아 살아가는 데 양식이 되게 하옵소서. 감사드리오며 예수님의 이름으로 기도드렸습니다. 아멘.

2021. 09. 03.

"하나님의 도는 완전하고 여호와의 말씀은 진실하니
그는 자기에게 피하는 모든 자에게 방패시로다"
(사무엘하 22:31)

    우리의 피난처가 되시며 환난 중에도 보호하시며 사랑하사 예배의 자리로 인도하시니 감사드립니다. 우리의 죄를 속량하시고 구원하기 위하여 예수님이 십자가에 못 박히신 금요일 밤, 하나님의 크신 구원의 역사를 믿사와 감사드립니다.

    자기를 낮추시고 죽기까지 순종하신 예수님. 혹 친구를 위하여 죽는 자가 있을지라도 전 인류의 구원을 위하여 대속하신 예수님은 한 분뿐이오니 진정으로 경배드립니다.

    내가 그리스도를 본받는 자가 된 것같이 너희는 나를 본받는 자가 되라는 바울 선생님. 우리는 자녀에게 나를 본받는 자가 되라고 말할 수 있는 믿음의 거울이었는지 주님 앞에 부끄러울 뿐입니다. 진정 가족 앞에 진실한 복음의 증인이 되지 못함을 용서하여 주시옵소서.

    말씀을 마음으로 받아 귀로 듣고 전함에 그들이 듣든지 아니 듣든지 능력은 하나님께 있사오니 우리의 입에 전도의 문이 열리게 하셔서 우리의 발걸음을 들을 자에게로 인도하여 주시옵소서.

하나님 위기와 고난의 역경 속에서도 주님을 더욱 간절히 찾게 하옵시고, 핑계 아닌 핑계로, 기회 아닌 기회로 나태해져 가는 주님의 백성들이 없게 하옵시고, 다시금 진리 안에서 자유하는 날을 기다리며 기도를 쉬지 않게 하옵소서.

하나님, 이 나라 대통령 선거를 두고 기도합니다. 서로를 비방하기보다 선의의 경쟁으로 어떻게 해야 국민을 위한 정치인가를 바르게 선포하고 하나님을 두려워하는 자를 반석 위에 바르게 세워 주셔서 물질의 부요보다 화평을 먼저 이루는 나라 되게 하옵소서.

이곳에 교회를 세우시고 지켜 주셔서 성도님들과 교회 안에서 사랑으로 하나 되게 하시옵고 목사님이 계셔서 우리가 있고 든든히 서갑니다.

육의 강건함을 주시옵고 설교자로 세우신 전도사님께 영적으로 충만케 하시어 모든 기도의 응답이 빛의 열매로 맺어지게 하옵소서. 감사드리오며 예수님의 이름으로 기도드렸습니다. 아멘.

2021. 09. 05.

"하나님은 우리의 피난처시요 힘이시니 환난 중에 만날 큰 도움이시라"
(시편 46:1)

하나님의 사랑 가운데 거하게 하시고 실족하지 않는 믿음을 주셔서 오늘도 겸손히 주님 앞에 마음의 무릎을 꿇었습니다. 신령과 진정으로 온전히 마음을 주님께 드려 감사와 경외함으로 순종의 제사를 드리는 귀한 시간 되게 하옵소서.

천지는 없어질지언정 내 말은 없어지지 아니하리라(마태복음 24:35)

변하지 않는 진리의 말씀, 빵보다 생명의 양식이 중한 줄 알면서도 우리의 의지대로 세속에 취하고, 탐욕에 취하고, 일시적인 만족에 취해 말씀을 가까이하지 못함을 용서하여 주시옵소서. 말씀이 생활이 되고, 생활이 이웃의 거울이 되고, 선한 영향력으로 그들에게 믿는 자로서의 본이 되어 그들로 하나님께 영광 돌리게 하옵소서.

하나님, 세계의 평화를 위해서 기도합니다. 강대국의 나라들로부터 침략을 받던 아프가니스탄, 우리나라 면적의 6배나 되면서도 지하자원은 풍부하지만 가난한 나라, 아편과 양귀비를 재배하며 내

전, 외전으로 사랑해서 태어난 사람, 사랑받기 위해 태어난 사람들이 무차별 총에 맞아 죽어 갑니다. 이 땅에 전쟁이 없는 나라가 되게 하시고 총, 칼 대신 하나님의 검을 두려워하는 백성들이 되어 전쟁 없는 자유와 평화를 주시옵소서.

이스라엘 백성들이 애굽에서 부르짖는 소리를 들으시고 출애굽 시키신 하나님. 가까이 있는 한민족 북한에도 통치자에게 사상이 바뀌는 변화가 생겨 국민에게 개방된 자유와 믿음의 뿌리가 남아 있는 주님의 백성들이 마음 놓고 복음을 전파할 수 있는 때가 속히 오게 하옵소서.

이젠 코로나가 우리 주변 가까이에도 왔습니다. 아직도 사라질 기미가 보이지 않습니다. 말씀으로는 인내하고 기도하나 두려움이 옵니다. 기도의 끈을 놓지 않게 하시옵고 소멸될 때까지 중증 환자나 사망자가 없도록 긍휼을 베풀어 주시옵소서.

에벤에셀의 하나님. 이곳에 교회를 세우시고 지켜 주셔서 감사드립니다. 어떠한 위기와 환난 속에서도 성도의 사랑과 믿음이 변질되지 않게 하시고, 소중한 달란트들이 하나로 묶여 큰 힘을 발할 수 있는 능력을 주시옵소서.

거룩한 안식일, 우리가 쉼을 얻어 아침부터 이 시간까지도 하나님의 성령이 함께하셔서 목사님을 통해 읽고 듣고 배웠는데 삶으로 적용되게 하옵소서. 목사님께 은혜를 더하여 주셔서 이 교회를 이끌어 가시는 데 어려움 없게 하옵시고 모든 간구가 더디지 않게 하옵시며 건강하심도 지켜 주옵소서.

감사드리오며 살아 계신 예수님의 이름으로 기도드렸습니다. 아멘.

2021. 09. 08.

"너희 의인들아 여호와를 즐거워하라
찬송은 정직한 자들이 마땅히 할 바로다"
(시편 33:1)

    마땅히 찬송받기에 합당하신 하나님 예배로 하나님께 영광을 돌립니다. 우리의 예배를 기뻐 받아 주시옵소서.

    늘 감사를 입가에 올리며 은혜를 입고 사는 축복을 주심에 감사드립니다. 하나님의 은혜와 인도하심이 아니면 갓길로 갈 수밖에 없었던 우리를 교훈과 사랑과 책망으로 바르게 붙잡아 주셔서 이 자리까지 오게 하심을 감사드립니다.

    인자가 온 것은 잃어버린 자를 찾아 구원하려 함이니라 말씀하신 예수님, 삭개오가 예수님을 보기 위해 돌무화과나무에 올라간 것을 예수님이 보시고 예수님을 만나 구원받아 삶의 변화가 생긴 것처럼, 우리가 예수님의 십자가와 부활을 믿어 구원을 받았음에 삭개오처럼 거듭난 삶을 살아가게 하옵소서.

    때로는 말씀을 망각하고 마귀의 유혹에 지고 말았음을 용서하여 주시옵소서. 마귀가 틈을 비집고 들어올지라도 능히 이길 수 있는 믿음을 주시옵소서.

야고보는 시험을 참는 자가 복이 있고 시련을 견디어 낸 자가 주께서 자기를 사랑하는 자들에게 약속하신 생명의 면류관을 얻을 것이라고 했습니다. 복음 때문에 받는 고통이라면 시간을 아껴 하나님의 때를 기다리는 인내를 주시옵소서.

이 시기에 우리의 목표와 목적이 무엇을 위해 살 것인지 하나님의 뜻을 이뤄 가는 목적이 되게 하옵소서. 하나님, 이 땅에서 천국에 들어갈 자격을 준비하게 하옵시고 선한 행동으로 듣는 자들에게 은혜를 끼치게 하셔서 하나님의 기쁨이 되게 하옵소서.

살아온 날의 길이와 넓이보다 남은 생의 길이와 넓이, 높이와 깊이를 하나님의 뜻을 알아 가며 믿음의 열매를 맺어 가게 하옵소서. 언제나 우리가 구할 것을 미리 아시고 채워 주시는 하나님. 주신 것에 족한 줄로 감사하며 남을 위해 헌신할 수 있도록 도와주시옵소서.

이 시기에 문 닫는 교회가 없게 하옵시고, 흩어지되 복음을 전파하기 위해 흩어지게 하옵시고, 보이되 주님의 머리 된 교회에서 사랑으로 하나 되어 아름다운 교제로 화목게 하옵소서.

하나님이 세우신 우리 교회 성도님들 한 분 한 분 복음을 위해 건강을 주시옵고 주님의 이름 때문에 기뻐하며 주신 달란트대로 성령의 열매를 맺게 하옵소서.

단에 세우신 목사님과 전도사님 영육 간에 강건하심을 주시옵고 말씀 대언하실 때에 성령 충만, 은혜 충만, 말씀 충만으로 우리의 갈급한 심령 위에 단비 되게 하옵소서. 하나님을 향한 성도를 향한 이웃을 향한 모든 기도의 제목들이 주님의 뜻 안에서 성취되게 하옵소서. 감사드리오며 예수님의 이름으로 기도드렸습니다. 아멘.

2021. 09. 10.

"나의 영혼이 잠잠히 하나님만 바람이여 나의 구원이
그에게서 나오는도다"
(시편 62:1)

　하나님의 이름의 영광을 찬양하고 하나님을 송축하며 우리에게 행하신 능력을 감사와 은혜로 경배드립니다. 세상이 갖고 있지 않은 것 우리에겐 있고, 세상이 갖고 있는 버려야 할 것은 버릴 수 있는 믿음을 주시니 감사합니다.
　세상 사람들도 우리와 같이 복음의 기쁨을 누릴 수 있는 은혜를 주시옵소서. 하나님과 세상과의 연결 고리, 다리 역할을 우리가 감당할 수 있게 능력 주시옵소서. 믿는 백성들이 늘어나 하나님을 두려워하고 진리 안에서 이 땅에 온전한 화평을 이룰 수 있도록 부흥시켜 주시옵소서.
　하나님, 어쩌면 코로나를 등에 업고 비대면을 이유로, 거리두기를 이유로, 사랑이 멀어지고 섬김이 멀어지고 관계의 회복이 어려운 핑계로, 말씀을 게을리했음을 용서하여 주시옵소서.
　여호와께서 에스겔을 선지자로 세우시고 패역한 백성들에게 네가 비록 가시와 찔레와 함께 있으며 전갈 가운데 거주할지라도 두려워하지 말고 그들이 듣든지 아니 듣든지 말씀을 전하라 명하셨음을 기억합니다. 우리의 사명이 어떠한 상황 속에서도 듣는 자들에게 걸어 다니는 선한 예수님의 모형이 되게 하시고 그 모습에서 믿음의 열매를 보게 하시고 그리스도의 향기를 나타내게 하옵소서.

코로나로 인해 많은 어려움을 겪고 있습니다. 더 이상의 변이 바이러스가 생기지 아니하고 중증 환자나 사망자가 없이 완치될 수 있도록 하나님 은혜를 베풀어 주시옵소서. 이 땅의 백성들을 긍휼히 여겨 주시옵소서. 이 땅의 국민들이 민주주의를 소중하게 생각하며 통치자들의 정의가 오직 국민을 위한 바른 정치가 되게 하옵소서.

우리 교회를 사랑으로 세우신 하나님 감사드립니다. 한마음으로 한뜻을 이루어 섬김과 나눔의 실천을 즐거운 마음으로 행하게 하옵시고, 각 가정마다 건강한 믿음과 아픈 곳에 하나님의 능력을, 치료하는 광선을 비추사 외양간에서 나온 송아지처럼 뛸 수 있는 힘을 주시옵소서.

우리 교회 지도자, 인도자, 설교자로서 든든히 세워 주신 목사님을 기억하여 주옵소서. 마음으로 세워진 목표 이루어 주옵시고 영육의 강건하심을 주시옵소서. 전도사님 설교를 듣습니다. 이곳에 꿈을 갖고 왔습니다. 하나님의 뜻을 이루어 가기 위해 왔습니다. 건강과 성령의 충만함으로 인도하여 주시옵소서. 감사드리오며 예수님의 이름으로 기도드렸습니다. 아멘.

2021. 09. 26.

"여호와는 선하시니 그의 인자하심이 영원하고
그의 성실하심이 대대에 이르리로다"
(시편 100:5)

   아침마다 주의 인자하심으로 깨우시고 밤마다 주님의 성실하심과 은혜를 깨닫게 하신 하나님. 이 시간도 주님을 찬송케 인도하시니 감사드립니다.

   이스라엘 백성들이 고국 땅에 거주할 때에 부정한 행위들을 여호와의 거룩한 이름을 나타내시려 정결케 하시며, 새 영과 새 마음을 주시되 굳은 마음을 제거하고 부드러운 마음을 주실 것을 약속하셨던 하나님. 우리의 영이 새롭게 되어 속 사람이 강건하여지게 하옵시고, 세상이 추구하는 것과 믿는 자들의 간구함이 구별되어 주님을 향한 소원이 이웃을 향한 사랑이 겸손으로 나아가게 하옵소서.

   죄악과 가증한 일로 하나님의 계명을 거역했음을 용서하여 주시옵소서. 우리의 내면에는 선함과 악함과 게으른 방심과 사랑과 미움이 공존하며 탐심 때문에 시험의 늪에 들 때가 많음을 고백합니다. 하나님께서 하나님의 크고 거룩하신 이름 앞에 우리로 말미암아 하나님의 이름이 더럽혀지지 않게 하옵시고, 우리의 이익을 위해 하나님의 이름을 남용치 않게 하사 우리를 들어 하나님의 일에 사용되는 참된 일꾼 되게 하옵소서.

하나님, 즐거운 명절을 무탈하게 보내게 하심을 감사드립니다. 코로나로 인하여 관계가 많이 막혔지만, 어느 나라는 70-80% 완치되어 마스크를 쓰지 않는다는 기쁜 소식도 있습니다. 온 세상이 마스크를 모두 벗는 날, 모든 것이 이전보다 더욱 소중함을 알아 관계가 회복되고, 깨달음 위에 복음의 부흥 역사가 일어나게 하옵소서.

하나님의 말씀은 영원히 살아 움직이지만 우리의 생의 내리막엔 육이 쇠약해져 갑니다. 육을 위해서만 산 것이 아니라면 육체의 병을 고쳐 주시옵고, 육의 양식을 먹기 전에 영의 양식인 말씀을 먹게 하옵시고, 어떤 옷을 입기 전에 예수님의 은혜를 덧입게 하옵시고, 무엇을 마실까 염려하기 전에 예수님의 피를 기억하게 하옵소서.

우리 교회를 사랑으로 인도하시는 하나님 은혜를 구하는 우리 성도님들에게 주님의 구원의 은혜를 비처럼 내려 주시옵소서. 애찬의 시간이 없어 나눔의 교제가 적지만 든든히 세워진 교회 위에 목사님이 전하시는 말씀에 힘을 얻게 하옵소서.

먼저 목사님의 건강을 책임져 주시옵고 바울에게 많은 동역자를 세우신 것처럼 목사님께 다방면의 동역자를 세우셔서 영적 부요함과 주님을 향한 소망의 계획이 이루어지게 하옵소서. 감사드리오며 예수님의 이름으로 기도드렸습니다. 아멘.

2021. 10. 01.

"그가 나를 푸른 풀밭에 누이시며 쉴 만한 물 가로 인도하시는도다"
(시편 23:2)

    환난의 어려운 가운데도 채워지지 않는 부족함만이 있는 것이 아닌 긍정으로 세상을 보게 하시니 하나님의 섭리로 아름다운 가을을 선물하신 하나님 감사합니다. 예배드리는 이 시간이 온전히 하나님을 향한 거룩한 예배가 되어 하나님의 기쁨이 되게 하옵소서.

    온전히 주님만 의지한 삶이라 입으로 시인하면서도 나의 마음과 나의 만족을 내세워 자만했음을 용서하여 주시옵소서. 우리의 생각이 하나님의 뜻에 벗어나면 아무것도 이룰 수 없음을 알고 있지만 말씀을 이탈해 방심이 지배할 때가 있었음을 고백합니다. 성령의 오른팔로 강건하게 붙잡아 주시옵소서.

    우리가 살아가면서 여러 모양의 사람들을 대합니다. 실없는 사람들의 말에는 어떤 자리이든 거절할 때 거절할 수 있는 마음과 도와야 할 때 도울 수 있는 마음을 주시옵고, 교회의 이름에 먹칠하는 것은 예수님의 이름에 먹칠하는 것이오매 서야 할 자리, 가야 할 자리 구별할 수 있는 마음을 주옵소서.

코로나 때문에 어려운 이때 성령을 위하여 심는 자 되어 영생을 거둘 수 있는 믿음을 주시옵고, 이웃을 돌아볼 수 있는 마음을 열어 주시사 그들과 그리스도 안에서 한 형제 되게 하옵소서.

이 위기에 문 닫는 교회들이 없게 하옵시고 예배가 회복되고 경제가 회복되고 관계가 회복되게 하옵소서. 믿는 백성들이 믿음과 사랑과 은혜가 충만하여 이 땅에 정의와 공의가 세워지게 하옵소서.

우리 교회를 사랑하시는 하나님. 우리 성도님들의 가정 가정마다 복되게 하옵시고 우리는 기회 있는 대로 모든 이에게 착한 일을 하되, 더욱 믿음의 가정들에게 할지니라. 사도 바울의 교훈을 빌어 믿음 안에서 더욱 끈끈한 사랑을 나누는 한 공동체가 되게 하옵소서.

공동체를 이루기 위해 목사님을 세우셨음에 하나님의 사랑과 위로와 강건하심으로 충만케 하옵소서.

이 시간 말씀을 전하기 위한 전도사님의 설교에 은혜와 감사 깨달음이 있게 하옵시고 전도사님의 사명 소명을 잘 감당케 하시되 기도의 제목들이 실현되게 하옵시며 건강의 축복과 영의 양식으로 충만케 하옵소서. 이 시간도 감사드리오며 예수 그리스도의 이름으로 기도드렸습니다. 아멘.

2021. 10. 08.

"여호와는 나의 요새이시요 나의 하나님은 내가 피할 반석이시라"
(시편 94:22)

    오늘에 이르기까지 주님의 날개 아래 거하게 하시고, 사랑 안에 품어 주셨다가 주님의 몸 된 교회로 인도하셔서 하나님을 경외하는 귀한 시간 허락하심을 감사드립니다.
    사계절 시간은 톱니바퀴 돌듯 제자리를 반복하는데 가는 것은 시간이 아니라 우리의 삶이 지나가는 듯합니다.
    하늘에 오르시고 땅에 내려오셨다가 다시 하늘에 오르신 분은 온 천지에 예수님밖에 아니 계시오니 우리가 천국 문에 이르렀을 때 소망, 기쁨, 사랑의 면류관으로 주님 앞에 칭찬받을 수 있는 자녀 되기 위하여 이 땅에 살아가는 동안 순종의 길을 걸어가게 붙잡아 인도하여 주시옵소서.
    우리는 때때로 세상 것 의지하지 않고 주님만 의지한다 하면서도 내 의지가 앞서 자만하고 교만했던 죄를 용서하여 주시옵소서. 예수님이 자기를 낮추시고 죽기까지 복종하셨으며, 바울도 모든 성도 중에 지극히 작은 자보다 더 작은 자라 했는데, 우리는 더욱 내세울 것 없는 부족한 존재임에 자비를 베풀어 주시옵고, 낮은 자를 들어 크게 쓰시는 하나님의 능력을 믿사오니 우리에게 겸손한 마음을 주시사 열정으로 하나님의 일을 행하게 하옵소서.

하나님, 모든 사람이 정직하고 진실했으면 좋겠습니다. 모든 사람이 착한 사람이면 좋겠습니다. 모든 사람이 욕심이 있어도 선을 위한 욕심이 있으면 좋겠습니다. 믿는 자들이 먼저 정직하고 이 나라 통치자들이 정직하여 세상의 본이 되는 아름다운 나라가 될 수 있도록 다스려 주옵소서.

우리 교회 성도님들의 가정마다 믿음의 복을 더하여 주시옵고 근심이 없게 하셔서 간구하는 기도마다 응답되게 하옵소서.

이 재단에 목사님 세우심을 감사드립니다. 든든한 반석 위에 더욱 흔들림 없는 강건함을 주시옵고 하나님의 뜻에 합당한 기도의 소원 이루어지게 하옵소서. 하나님의 말씀을 전하기 위하여 단에 세우신 하나님의 종을 더욱 큰 사랑과 은혜로 영적 부요와 강건함을 허락하셔서 전하는 말씀이 우리에게 회개의 은혜와 감사의 은혜가 충만케 하옵소서. 말씀을 들음으로 주께 힘을 얻어 일상으로 돌아가는 삶 속에 예수님의 행하심을 본받아 그 향기를 많은 사람들에게 흘려보내는 교회가 되게 하옵소서. 감사드리오며 예수님의 이름으로 기도드렸습니다. 아멘.

2021. 10. 15.

"주의 집에 사는 자들은 복이 있나니
그들이 항상 주를 찬송하리이다"
(시편 84:4)

　지존하신 하나님, 우리의 반석이시며 구속자이심을 기억하고 믿사오니 긍휼하심으로 우리를 품어 주옵소서. 삶의 목적이 복음 안에 세워지게 하시고, 행함으로 빛의 열매, 성령의 열매, 복음의 열매 맺는 자녀로 하나님께 영광되게 하옵소서.
　날마다 새날을 선물하시는 하나님 감사합니다. 날마다 동행해 주시니 감사합니다. 하나님, 우리의 중심에 계시오니 하나님이 우리에게 주신 약속이 있어 두려울 것이 없습니다.
　귀를 지으신 이가 듣지 아니하시랴. 눈을 만드신 이가 보지 아니하시랴. 시편의 글처럼 우리의 침묵의 기도, 부르짖음의 기도 들으시고, 일거수일투족 앉고 일어섬과 양심의 깊은 곳까지도 하나님 앞에 드러나지 않음이 없사오니, 하나님 보시기에 우리의 악함이 있는 언행을 용서하여 주옵소서. 오직 덕을 세우는 데 소용되는 대로 선한 말을 하여 듣는 자들에게 은혜를 끼칠 수 있도록 우리의 마음을 주장하여 주시옵소서.

그리하여 우리의 마음이 교만하지 않게 하시고, 우리의 눈이 오만하지 않게 하시고, 우리의 작은 재능 지식을 자랑치 않게 하시며, 하나님의 능력 안에서 지혜를 구하며, 주신 것에 감사를 잊지 않게 하옵소서.

하나님, 너무나도 코로나가 길게 가니 우리와 평행선을 걸어가는 듯합니다. 모든 믿는 주님의 백성들이 어려울 때일수록 주님의 손을 놓지 않게 붙잡아 주시옵고 평범한 삶을 영위할 때도 주님의 은혜임을 잊지 않게 하옵소서.

이 나라 대통령을 선출하기 위하여 후보자들이 경쟁하고 있습니다. 공명정대한 선거가 되게 하옵시고 진정 국민을 위한 대통령이 뽑힐 수 있게 백성들의 귀와 눈 마음이 올바른 판단에 설 수 있게 지혜를 주시옵소서.

경제가 회복되길 원합니다. 세계에서 으뜸가는 행복 지수 높은 나라 되길 원합니다. 자살이 없고 믿는 자의 수가 늘어나 온전한 진리 안에서 자유할 수 있는 복된 나라 되길 소원합니다.

우리 교회가 먼저 이 지역이 먼저 믿음 안에서 주인공이 되게 하옵소서. 발이 없어도 형체가 없어도 소문은 바람 타고 날아가듯 우리 교회의 선행이 예수님의 향기 타고 멀리 퍼져 이 자리를 채울 수 있는 은혜를 주시옵소서.

이곳에 십자가의 불을 밝히는 교회를 세우시고 목사님을 단에 세우셨음에 감사드립니다. 주님 안에서 목적과 목표가 계신 줄 아오니 하나님의 뜻을 이루기 위하여 영육 간에 풍성한 은혜를 주시옵고, 기도의 제목마다 응답이 이뤄지게 하옵소서.

금요일 밤, 설교자로 세우신 전도사님을 기억하여 주시옵소서. 오랫동안 하나님의 종으로 여기까지 인도하신 은혜 감사드립니다. 평탄한 길도 깊고 낮은 굴곡도 언제나 하나님을 우선순위에 모시고 살아왔음을 하나님께서 아실 줄 믿사오니 남은 여정도 성령의 충만하심 가운데 건강의 축복과 행복한 주님과의 동행이 되길 기도합니다.

말씀을 듣겠사오니 우리의 마음밭에 심어져 들은 대로 받은 대로 세상에 나가 행하는 삶이 되게 하옵소서. 감사드리오며 예수님의 이름으로 기도드렸습니다. 아멘.

2021. 10. 18.

"내 육체와 마음은 쇠약하나 하나님은 내 마음의 반석이시요
영원한 분깃이시라"
(시편 73:26)

    우리는 약하고 우매 무지하므로 주님 앞에 지극히 작은 자이오나 주님을 의지하는 주의 백성들 저버리지 아니하시고 붙잡아 주셔서 주님 전으로 인도하시니 감사드립니다. 하나님이 기뻐 받으시는 예배 되게 하옵소서.

    첫째 날부터 다섯째 날까지 창조하실 때마다 보시기에 좋았더라 하시며 모든 것을 종류대로 만드시고, 여섯째 날 사람을 창조하시며 지으신 것이 보시기에 심히 좋았더라 하신 하나님. 그 창조의 기뻐하심을 눈으로 그리며 하나님의 마음을 상상해 봅니다. 그러나 지금의 지구는 병들어 가고 있습니다. 하나님의 창조를 역행한 인간의 탐심을 용서하여 주시옵고 이 땅을 긍휼히 여기셔서 고쳐 주시옵소서.

    사도 바울은 우리가 잠시 받는 환난의 경한 것이 지극히 크고 영원한 영광의 중한 것을 우리에게 이루게 함이라 했습니다. 사랑으로 세우신 우리 교회 성도님들 코로나를 잘 극복하게 하시옵고 주님으로 말미암아 기쁨이 되게 하시옵고 즐거운 마음으로 주님의 구원을 사랑하는 성도님들 되어 주님의 은혜 가운데 복된 가정으로 인도하옵소서.

  우리의 양식이 빵에만 있는 것이 아니고 하나님의 말씀을 먹고 살아가오니 목사님께 성령의 오른팔로 붙잡아 주셔서 부족함이나 어려움이나 근심이 없게 하시되 영육 간의 강건하심을 주시옵소서. 감사드리오며 예수님의 이름으로 기도드렸습니다. 아멘.

2021. 10. 22.

"사랑은 여기 있으니
우리가 하나님을 사랑한 것이 아니요
하나님이 우리를 사랑하사 우리 죄를 속하기 위하여
화목제물로 그 아들을 보내셨음이라"
(요한1서 4:10)

사람에게는 버린 바 되었으나 하나님께는 택하심을 입은 보배로운 산, 돌이신 예수님. 하나님과 우리 사이에 다리를 놓으시려고 십자가에 못 박히시고 부활 승천 하신 예수님을 믿사와 이 시간 감사와 찬양으로 예배드립니다.

사랑으로 우리를 감싸 안으시고 책망과 교훈으로 진리의 말씀을 주심에 감사드립니다. 때로는 꿀송이보다 달고 때로는 찔림으로 회개의 은혜를 주심에 감사드립니다.

감사의 제목들이 너무도 많은데 이제는 받은 은혜 주님을 위해 우리가 무엇을 할 것인가를 생각나게 하셔서 참빛으로 오신 예수님의 발자취를 따라가게 하옵소서.

우리의 기도에 귀 기울이시는 하나님, 언제나 우리 곁에 계시며 기도에 응답하시기를 기뻐하시는 그 사랑에 감사드립니다. 연약한 우리에게 다가와 도우시는 성령님 감사합니다. 늘 성령님 인도 가운데 살게 하옵소서.

겸손히 하나님의 지혜를 배우고 십자가의 능력으로 구원받았음을 잊지 않게 하옵시고 자아로 가득한 우리의 시선을 비우고 은혜로운 십자가로 채우며 살아가는 우리 되게 하옵소서. 때로는 세상의 헛된 욕심을 좇을 때가 있음을 고백하오니 용서하여 주시옵고 날마다 그리스도 안에서 새로운 피조물로 거듭나게 하옵소서.

시편 저자는 인애와 진리가 같이 만나고 의와 화평이 서로 입맞추었으며 진리는 땅에서 솟아나고 의는 하늘에서 굽어본다고 했습니다. 말씀을 받았음에 화평을 이루고 하늘에 하나님이 보시는 가운데 이 땅에서 진리가 봇물처럼 솟아나는 은총을 내려 주시옵소서.

지극히 작은 것에 충성하는 것, 하잘것없는 것에도 선을 행하는 것 주님의 가르치심입니다. 어느 마을 나열된 운동 기구 옆 목조 정자는 따뜻한 여름날 새똥이며 외국인들이 점심을 먹고 누워 쉬던 곳이 거미줄로, 여기저기 아이들이 흙장난 후 물병과 일회용 그릇을 흩어 놓고, 가시넝쿨과 꾸지뽕나무는 운동 기구를 방해하고, 바닥엔 여기저기 담배꽁초….

이런 곳을 단장하고 마포 걸레와 손 세척제를 걸어 놓으니 어느 날 동네 어르신이 담배를 피우시다 꽁초를 주워 일어서시는 것을 보았습니다. 아무도 본 것 같지 않은데 은연중에 눈에 보이고 귀에 들려서인가 더 이상은 어지럽혀지지 않음에 감사. 이 작은 일도 주님을 세우는 일이 되게 하옵소서.

하나님, 지금 이 시대에 가장 커다란 기도 제목이 있습니다. 믿는 자들의 믿음이 조금도 소멸되지 않게 하옵시고 코로나가 속히 종식되게 지혜를 주시옵고 이 나라 정직한 대통령을 뽑아 행복한 나라 되게 하옵소서.

우리 교회를 사랑하심에 감사드립니다. 가정 가정마다 하나님께서 지켜 보호하여 주시옵고 각자의 달란트를 모아 하나님의 사랑을 받는 공동체 되게 하옵소서.

하나님의 청지기로 세우신 목사님을 기억하셔서 성령의 풍성함을 주시옵고 주님 안에서 세워진 합당한 기도 제목이 응답되게 하옵소서.

이 시간 설교를 듣겠사오니 말씀 전하시는 주의 종을 통해 은혜 받는 시간 되게 하옵시고 지혜와 총명이 풍성토록 부어 주시사 하나님의 일을 감당하는 데 어려움 없도록 도와주시옵소서. 성령의 기쁨을 날마다 맛보는 은혜를 더하여 주시옵소서. 감사드리오며 날 구원하신 예수님의 이름으로 기도드렸습니다. 아멘.

2021. 10. 29.

"대저 사람의 길은 여호와의 눈 앞에 있나니
그가 그 사람의 모든 길을 평탄하게 하시느니라"
(잠언 5:21)

  우리의 길을 밝히 열어 주시고 그 위에 법을 세우셔서 사랑으로 인도하사 주님께 신령과 진정으로 예배드리는 귀한 시간 허락하심을 감사드립니다. 대부분의 교회가 비대면 예배와 거리두기가 아직도 해제되지 않았지만 각자가 처한 장소에서 겸손으로 주님을 영접하는 예배 되게 하옵시고 더욱 간절히 하나님의 뜻을 알아 가며 간구하는 기도의 용사들이 되게 하옵소서.

  고난을 받기 전에 사도들과 유월절 마지막 만찬을 원하셨던 주님, 만찬을 나누시고 습관을 따라 감람산에 이르러 땀이 땅에 떨어져 핏방울같이 되도록 간절히 기도하셨던 예수님과 다니엘의 기도를 기억합니다. 어디에도 주님은 계시나 하나님의 몸 머리 되신 성전을 사모하며 성전을 가까이하며 옛 선지자들의 기도 모습 본받아 우리도 그런 길을 걸어가게 하옵소서.

  하나님이 우리를 사랑하시듯 우리가 주님을 사랑하고 존경하고 경외하오니 우리를 긍휼히 여기사 인간이 하나님의 질서를 파괴한 죄를 용서하옵시고 이 땅을 고쳐 주옵소서. 이 환난 중에도 믿음과 오래 참음으로 말미암아 우리에게 주시마 약속하신 그 약속을 기업으로 받아 소망의 풍성함으로 하나님께 나아가는 주님의 백성 되게 하옵소서.

　이곳에 교회를 세우셔서 거룩하고 흠이 없게 하시려고 사랑의 띠로 묶어 놓으신 하나님, 우리 교회 성도님들 믿음의 복을 더하여 주셔서 하나님의 뜻을 세워 가도록 인도하여 주시옵소서.

　아름다운 마을, 인심이 좋은 이곳에서 목회를 하시는 목사님께 하나님의 은총이 함께하시길 기도합니다. 외롭고 먼 길 힘든 역경도 있으셨겠으나 오직 하나님의 도우심으로 여기까지도 인도하셨음에 감사드립니다. 앞으로의 여정도 우연이 아닌 하나님의 섭리가 기적을 잉태할 수 있도록 은혜를 더하여 주시옵소서.

　말씀을 듣겠사오니 말씀이 기도 되게 하옵시고 말씀이 생명의 양식이 되게 하셔서 말씀을 받아 기쁨으로 선을 행하는 우리 되게 하옵소서.

　…내가 내 평생에 여호와의 집에 살면서 여호와의 아름다움을 바라보며 그의 성전에서 사모하는 그것이라(시편 27:4)

　전도사님 일평생의 꿈이 다윗의 시가 되게 하셨음에, 사랑하는 딸 소명을 감당하기에 부족함이 없도록 건강도 지켜 주시옵고 영의 양식도 풍성하게 채워 주셔서 오직 주님만 의지하는 하나님의 자랑스러운 딸이 되게 하옵소서. 감사드리오며 예수님의 이름으로 기도드렸습니다. 아멘.

2021. 11. 05.

"감사함으로 그의 문에 들어가며 찬송함으로
그의 궁정에 들어가서 그에게 감사하며
그의 이름을 송축할지어다"
(시편 100:4)

   사랑이 많으신 아버지 하나님, 성전을 사모하는 마음을 주시고 사랑하는 성도님들과 예배드릴 수 있도록 인도하심에 감사드립니다. 오직 주님께만 영광 드리는 경건한 시간 되게 하옵시고 우리에겐 회개의 은혜가 넘쳐 받은 대로 변화되게 하옵소서. 진리의 말씀을 올바르게 분별하여 하나님 앞에 부끄러울 것이 없는 일꾼으로 인정받는 성도 되길 원합니다. 하나님, 믿음으로 하나님을 신뢰하므로 우리의 생사를 주께 맡기오니 하나님의 주권 앞에 서 있는 우리를 언제나 악에서 떠나 선을 행하며 순종의 길을 걸어가도록 인도하여 주시옵소서.
   누군가 사랑은 '기브 앤 테이크'가 아니라 '기브 앤 기브'라고 합니다. 그러나 우리의 삶을 돌아보면 사랑하는 자를 사랑하게 되고 미워하는 자를 미워하게 되는 어긋난 십자가의 사랑을 용서하여 주시옵소서.

하나님, 이렇게 아름다운 강산을 주시고 결실을 맺는 농부의 풍요로움을 주셔서 감사합니다. 양식이 없어 주림이 아니며 물이 없어 갈함이 아니요, 여호와의 말씀을 듣지 못한 기갈이라고 말한 아모스의 말씀처럼, 이 난국에 말씀을 가까이하지 못하는 믿는 백성들 긍휼히 여겨 주셔서 말씀의 생수가 넘치도록 부어 주시옵소서. 그리하여 믿음이 우리의 자산이 되게 하셔서 선한 마음을 품어 어두운 곳에 빛을 발하게 하옵소서.

한 해의 결실이 문턱에 있습니다. 과연 우리가 어떤 열매를 맺어 가고 있는지, 열매 맺는 무화과나무로 살아 내는지, 포도나무의 꽃을 피워 향기를 발하듯 향기의 역할을 하고 있는지 종종 자신을 돌아보게 하옵시고, 외식하지 않고 자만하지 않고 교만하지 않도록 도와주시옵소서.

혼돈과 죄악 공허가 지배하지 않도록 힘든 상황이 올 때 주님께서 흘리신 보혈을 기억하며 새 힘을 얻게 하옵소서. 작은 열매라도 추수감사절이 다가오는 이때에 조금씩 주님께서 바라시는 열매를 맺어 가며 감사하는 생활이 되게 하옵소서.

우리 교회 성도님들 환난 가운데도 보호해 주시고 사랑으로 공동체를 이루게 하심을 감사드립니다. 주님의 말씀이 우리 안에서 소망으로 자라나 가정 가정마다 복음의 기쁨을 누리게 하옵소서.

하나님께서 이 교회를 우리 목사님께 맡겨 주셨사오니 든든히 세워 가시는 능력을 주시옵고 맡기신 사명 잘 감당할 수 있도록 영육간의 강건하심을 주시옵소서.

이제 전도사님의 설교를 듣습니다. 성령의 도우심으로 단에 세우셨사오니 모든 것이 풍성하게 하시옵고 날마다 은혜를 입으며 살아가게 하옵소서. 대저 명령은 등불이요, 빛은 법이요, 훈계의 책망은 곧 생명 길이라. 어떤 말씀도 아멘으로 화답할 수 있는 귀한 시간 되게 하옵소서. 감사드리오며 예수님의 이름으로 기도드렸습니다. 아멘.

2021. 11. 12.

"그런즉 누구든지 그리스도 안에 있으면
새로운 피조물이라 이전 것은 지나갔으니 보라 새 것이 되었도다"
(고린도후서 5:17)

    세상의 창조주이시며 만물의 주인이신 하나님, 하나님은 전능하시며 의로우심에 경외드립니다. 오늘도 감사와 찬양으로 예배드리도록 주님의 머리 된 교회로 인도하심에 감사드립니다. 날마다 성경을 이해하고 믿게 하시며 성경대로 살아 내고자 하는 마음 주시니 감사드립니다.

    모든 사람은 원죄를 동반한 죄인임에 심판을 받아야 마땅하지만, 예수님의 십자가 보혈로 영생을 선물로 주셨음에 이 놀랍고 크신 은혜를 영원토록 잊지 않고 하나님만 찬양하게 도와주시옵소서.

    우리는 흔들리기 쉬운 갈대 같은 존재이기에 순간순간 은혜를 떠나 세상과 구별된 삶을 살지 못할 때가 있음을 용서하여 주시옵소서. 하나님 앞에서 우리를 돌아보게 하옵시고, 말씀으로 우리의 말과 행동이 이웃에 영향력 있게 하옵시고, 하나님께서 하라는 명령을 순종하며 걸어가게 하옵소서.

지혜자들의 말씀들은 찌르는 채찍들 같고 회중의 스승들의 말씀들은 잘 박힌 못 같으니 다 한 목자가 주신 바이니라(전도서 12:11)

하나님, 우리의 삶이 예수님처럼 때리는 망치보다 고통과 인내를 감당해 잘 박힌 못이 되어, 필요로 하는 자들에게 나를 희생해서라도 도움을 줄 수 있는 도구가 되게 하옵소서. 기도가 생활이 되는 삶이 되게 하옵시고 세상의 칭찬보다 주님의 칭찬을 더욱 사모하게 하옵소서.

하나님, 우리나라를 위해 기도합니다. 이스라엘 왕들 중 하나님 앞에 악을 행한 자가 하나님 보시기에 정직한 자라 말씀하신 왕보다 더 많았음을 읽고 듣고 불순종의 결과를 말씀으로 보았지만, 이 나라 대통령 역시 정직하지 못해 줄줄이 감옥으로 행한 것을 기억합니다. 이번 선거에선 하나님 보시기에 정직한 자를 선출해서 다시는 불명예의 오명이 붙어 다니지 않도록 국민들의 지혜를 모아 바른 선거가 되도록 도와주시옵소서.

하나님, 지금은 치료제도 100% 완전하다고 믿지 못합니다. 단번에 효력을 나타낼 수 있는 전 세계적인 의학자들의 연구가 모아져 성공할 수 있도록 지혜를 주시옵소서.

하나님, 겨울이 다가왔습니다. 이곳 마을에도 따뜻한 정을 필요로 하는 분들이 계십니다. 우리 교회가 목사님의 지도 아래 그분들께 작은 정을 주는 따뜻한 손길 되게 하옵소서.

오늘의 이 시간 전도사님을 통해 대언의 말씀을 듣습니다. 빛과 소금의 역할을 잘 감당하고 있는 전도사님, 성령의 도움으로 지금까지 인도하셨음에 감사드립니다. 영의 부요함과 육의 강건함과 풍성한 은혜로 완성을 향해 걷고 있는 미완성의 길도 끝까지 늘 인도하여 주시옵소서. 시종일관 주님께 의탁하오며 예수님의 이름으로 기도드렸습니다. 아멘.

2021. 11. 19.

"한 사람이 순종하지 아니함으로 많은 사람이 죄인 된 것 같이
한 사람이 순종하심으로 많은 사람이 의인이 되리라"
(로마서 5:19)

전능하신 하나님, 하나님의 풍성한 은혜로 오늘도 믿음을 잃지 않게 하시어 하나님의 집으로 인도하시니 감사드립니다. 예수님을 통해 믿음으로 말미암아 구원을 주셨음에 감사드립니다. 언제나 죄는 우리 가운데 늘 존재하기 때문에 항상 죄와 싸워 승리하게 하시고, 죄로부터 완전한 구원에 이를 때까지 항상 겸손하게 우리를 인도하여 주시옵소서.

주의 눈은 의인을 향하시고 그의 귀는 의인의 간구에 기울이시되 주의 얼굴은 악행하는 자들을 대하시느니라 하였느니라(베드로전서 3:12)

악행하는 자들을 대적하시는 주님, 우리의 삶에 있어 밖으로 나타나는 죄보다 내적인 죄가 많음을 고백하오니 용서하여 주시옵고 선하고 거룩한 삶을 살도록 성령님 도와주시옵소서.

우리의 기도를 성실하게 올바른 제목으로 기도하게 도와주시옵소서. 복을, 부를 추구하는 것이 아니라 하나님이 기뻐하실 기도를 드릴 수 있도록 지혜를 주시옵소서.

이 땅에 하나님이 모든 만물을 주셨음에 잘 관리하여 하나님의 섭리를 보며 감사와 감탄이 넘치는 은혜가 있게 하옵시고 빚진 자의 모습으로 받은 은혜를 보답하기 위해 성실히 걎아 나가는 성도 되게 하옵소서.

하나님, 코로나가 날로 증가하고 있습니다. 위중 환자도 늘고 있습니다. 하나님 도와주시옵소서. 터널 끝에 광명을 보게 하옵소서. 평온하고 걱정이 없었던 때의 안일함이 지금의 시련에 더욱 간절히 주님을 찾게 하옵시고 주님을 떠났던 성도들이 다시금 돌아올 수 있도록 역사하여 주시옵소서.

우리 교회를 사랑하시는 주님이시기에 우리의 몸과 마음이 약해질지라도 우리 성도님들 영혼은 더욱 강건해지게 하옵시고 주님께 힘을 입어 기쁨으로 날마다 새로워지게 하옵소서.

이곳에 하나님의 터를 놓으시고 목사님을 세우심에 감사드립니다. 하나님의 일을 하시기 위해 건강을 허락하옵시고 목사님의 비전이 하나님께 합한 자 되셔서 세워진 기도의 목표가 응답되게 하옵소서.

금요일 밤 전도사님의 설교를 듣습니다. 성령 충만한 은혜를 주시옵고 성령님과 동행하며 소명과 사명 은혜 가운데 잘 감당하여 이 지역을 복음화하는 데 어려움 없도록 인도하여 주시옵소서. 감사드리오며 예수님의 이름으로 기도드렸습니다. 아멘.

2021. 11. 26.

"오직 나는 여호와를 우러러보며 나를 구원하시는 하나님을
바라보나니 나의 하나님이 나에게 귀를 기울이시리로다"
(미가 7:7)

　예수님으로 말미암아 구원을 얻게 하시려고 끝까지 우리를 외면하지 아니하시며 말씀으로 인도하사, 오늘도 주님의 몸 된 교회에 나와 찬양과 예배로 영광 드리게 하시오니 감사드립니다.
　성령님을 우리에게 보내 주셔서 천국 소망의 길을 혼자서 걷지 않고 함께 걸으심에 감사드립니다. 간혹 넘어질 때도 있으나 아주 넘어지지 않음은 비 온 뒤의 땅을 굳게 하시려고 주님이 붙잡아 주심을 믿습니다. 실수할 때도, 실언할 때도 회개의 말씀을 주시며, 시험이 들 때 답을 주시고, 은혜를 따라 감사를 주시는 하나님 고맙습니다.
　환난으로 인해 정신과 육체와 물질의 어려움을 겪을 때 인내하고 원망하지 않게 하옵시고, 인내를 통해 성장하고 더 성숙한 믿음으로 하나님께 나아갈 수 있도록 도와주시옵소서. 성장을 통해 하나님만 바라보게 하시고 하나님을 더욱 사랑하고 의지하는 성숙한 사람 되게 하옵소서.

외식하는 마음, 가식적인 사랑, 내 눈에 들보를 보지 못하고 남의 눈에 작은 티를 나무람을 용서하여 주시옵고, 마음에서 나오는 악한 언행을 배설물로 버리고, 오직 선으로 행하여 변화되어 나를 낮추고 남을 높이는 겸손함을 주시옵소서.

하나님, 이 나라 이 땅에 태어나게 하심을 감사드립니다. 불신의 나라들, 종교의 자유가 없는 억압된 테두리에서 죽음을 각오하고 복음을 전파하는 하나님의 백성들 굽어 살피시사 속히 불신의 굴레에서 벗어나 진리 안에 자유함을 주시옵소서.

우리나라 대통령 선거를 앞두고 있사오니 하나님의 심판을 두려워하는 대통령, 정의와 공평이 올바르게 서 있는 대통령, 기독교에 간섭하지 않는 대통령이 나오게 하옵시고, 하나님의 나라가 세상을 지배하고 하나님의 법 아래 화평이 깃들게 하옵소서.

하나님, 금년에도 목사님을 통하여 추수감사절을 은혜 가운데 드리게 하시고 나누는 삶 주는 자의 즐거움과 받는 자의 기쁨이 하나 되게 하셨음에 감사드립니다. 목사님께 우리가 각각의 달란트로 하나 되어 더욱 이 지역을 복음화시킬 수 있는 은혜를 더하여 주시옵소서.

오늘 설교자로 세우신 전도사님을 기억하사 지혜와 지식의 풍성함으로 하나님께 은혜를 입어 하나님의 일을 감당하기에 부족함 없게 하옵시고 하나님께 합당한 기도로 응답되게 하옵소서.

잔치를 베풀거든 차라리 가난한 자들과 몸 불편한 자들과 저는 자들과 맹인들을 청하라 그리하면 그들이 갚을 것이 없으므로 네게 복

이 되리니 이는 의인들의 부활시에 네가 갚음을 받겠음이라 하시더라 (누가복음 14:13-14)

　베풀기를 좋아하고 헌신에 게으르지 않고 주님의 일을 잘 감당하는 전도사님께 하나님의 권능의 팔로 붙잡아 주셔서 한나의 기도처럼 여호와로 말미암아 즐거워하며 주의 구원으로 말미암아 늘 기뻐하는 삶이 되게 하옵소서. 감사드리오며 예수님의 이름으로 기도드렸습니다. 아멘.

2021. 12. 03.

"여호와는 선하시며 환난 날에 산성이시라
그는 자기에게 피하는 자들을 아시느니라"
(나훔 1:7)

　우리의 피난처이시며 반석이신 하나님. 생명의 양식을 우리에게 주시려고 인도하신 은혜 감사드립니다. 양식을 주심에 받은 대로 하나님의 신비와 섭리를 알아 가게 하옵시고, 몸과 마음으로 체험하며, 하나님의 능력 안에서 두려울 것이 없는 담대함으로 세상을 이겨 나가는 힘을 주시옵소서. 또한 마음이 온유하고 겸손하신 예수님의 가르치심을 배우며 섬기는 자로서의 사명을 다하도록 지식의 풍성함과 지혜를 주시옵소서.

　아버지라 부를 수 있는 이름, 아버지의 크신 사랑 진정 감사합니다. 그 어떤 철학도 도덕도 우리에게 사랑을 주지 못하지만, 하나님의 말씀은 사랑도 감동도 교훈도 풍성하오니 우리 삶의 전부입니다. 그럼에도 우리는 때때로 잊고 살 때가 있습니다. 내 안에 교만이, 내 안에 자기 사랑이 나의 능력이라 착각하고 하나님의 중심에 내가 있는 것이 아니라 나의 중심에 하나님을 이용할 때가 있음을 용서하여 주시옵소서. 먼저 하나님께 묻고 말씀에서 답을 얻어 깨달음이 있게 하옵소서.

왜 세상에는 악인이 잘되고 의인은 고통을 받는지, 깊은 신앙의 갈등을 겪었던 하박국이 진리를 깨달은 것처럼 비록 우리가 세상 기준으로는 부하지 못하지만, 불의로 이익을 얻는 것보다 선한 행동으로 부끄러울 것이 없는 복음의 부자가 되게 하옵소서.

하나님, 세계적으로 코로나로 인해 세상이 어지럽습니다. 변종 바이러스 뉴스만 들어도 섬뜩합니다. 이 환난이 어찌 그리 오래가는지요. 믿음이 죽어 가고, 생명이 죽어 가고, 많은 활동이 묶여 버린 지금의 현실을 하나님의 긍휼하심으로 구원의 은총을 내려 주시옵소서. 그리하여 예배가 회복되고 경제가 살아나고 건강이 돌아오고 담을 쌓았던 관계가 회복되었으면 좋겠습니다. 하나님, 우리의 기도 응답이 더디 오지 않게 은혜를 베풀어 주시옵소서.

작은 공동체이나 변함없이 우리 교회를 사랑해 주시고 인도하심을 감사드립니다. 각 가정마다 소망하는 기도의 제목들이 응답되길 원합니다. 의와 화평이 입 맞춘 것처럼 평안이 가정에 깃들게 하옵시고 공동체의 교제가 이루어지는 애찬의 시간이 속히 오길 기도합니다.

이곳에 교회를 세우신 하나님, 지금까지도 지켜 주신 하나님, 목사님께 은혜를 더하여 주셔서 꼴을 찾아 양식을 먹이심에 어려움 없도록 하시옵고 바울에게 동역자를 많이 주심같이 많은 동역자를 세우셔서 지경을 넓혀 복음이 확장되는 놀라운 기적이 일어나게 하옵소서.

설교자로 전도사님을 단에 세우셨사오니 하나님의 은총이 넘치게 하셔서 하나님의 사랑 안에 거하게 하옵시고 말씀을 준비할 때마다 성령의 도움으로 복음의 열매가 맺어지게 하옵시고 날마다 간구하는 기도가 응답되는 은혜의 축복이 있게 하옵소서. 감사드리오며 예수님의 이름으로 기도드렸습니다. 아멘.

2021. 12. 10.

"할렐루야, 여호와를 경외하며
그의 계명을 크게 즐거워하는 자는 복이 있도다"
(시편 112:1)

복 주시길 기뻐하시는 하나님. 주신 은혜 감사함을 잊지 않고 성령님의 인도 따라 주님의 몸 된 전에 왔사오니 인자하시고 진실하신 주의 이름에만 영광 돌리게 하옵소서.

거룩하신 하나님, 이 해도 하나님의 사랑 안에 함께하셨음에 감사드립니다. 이제 주실 것을 원하기보다 하나님이 기뻐하실 일들을 찾아 거저 주신 선물이 많음에 마음의 빚을 갚아 나갈 수 있도록 영적 부요함을 주시옵소서.

심히 교만한 말을 다시 하지 말 것이며 오만한 말을 너희의 입에서 내지 말지어다 여호와는 지식의 하나님이시라 행동을 달아 보시느니라(사무엘상 2:3)

하나님, 배려가 부족한 우리를 용서하여 주시옵소서. 때로는 마음의 생각대로 상처 주는 말을 해 놓고 후회할 때가 있음을 고백합니다. 1초만, 2초만 더 생각하고 말하는 참을성을 주시옵소서. 우리의 행동을 저울로 달아 보시는 하나님, 말과 행동을 같게 하셔서 마음의 생각이 선하며 겉으로 보이는 선한 행동으로 본을 보일 수 있는 성도 되게 하옵소서.

하나님, 세상은 우리에게 잠시 머물다 가라고 빌려 주신 광야인 것을 믿습니다. 하나님의 주권 아래 하나님의 자녀로, 계명대로 살아가라고 훈련 시키심을 믿습니다. 언젠가 우리가 하나님이 정해 주신 시간의 끝에 설 때 하나님 앞에 내놓을 열매가 부끄러울 것이 없으면 좋겠습니다.

신자는 하나님의 심판과 상관없지만, 하나님 앞에 받을 상급 심판 때에 맡겨 주신 달란트를 땅에 묻어 두지 않고 하나님을 위한 많은 열매를 맺을 수 있도록 역사하여 주시옵소서.

하나님, 코로나가 위기 중의 위기인 것 같습니다. 속히 소멸될 수 있는 은혜를 주시옵고, 위기 중에 더욱 기도의 기회로 삼아 하나님의 뜻을 발견하는 우리 되게 하옵소서.

이제 대통령 선거가 얼마 남지 않았습니다. 누가 되든 귀로 들리는 눈으로 보는 백성의 소리에 정의를 행하는 대통령, 욕심을 낼 때는 나라 경제를 살리는 희망을 보여 주는 대통령, 하나님을 두려워하고 공의를 행하는 대통령이 당선되게 하옵소서.

출타 중에 있는 전도사님 이 시간 은혜의 예배 자리가 되게 하옵시고 오가는 길도 지켜 주시옵소서. 금요일 밤 목사님의 설교를 듣습니다. 성령의 도움 받아 은혜 가운데 인도하심을 감사드립니다. 영육 간에 강건하심을 주시옵고 말씀이 살아 있고 운동력 있고 진리의 말씀이 우리의 마음밭에 심어져 복음의 열매가 열리게 하옵소서. 감사드리오며 예수님의 이름으로 기도드렸습니다. 아멘.

2021. 12. 17.

"보라 하나님은 나의 구원이시라 내가 신뢰하고 두려움이 없으리니 주 여호와는 나의 힘이시며 나의 노래시며 나의 구원이심이라"
(이사야 12:2)

　감사와 찬양을 받기에 합당하신 하나님, 경배와 찬양으로 하나님께 영광 돌리오니 받으시옵소서. 오늘도 예배의 자리로 인도하심에 감사드립니다.

　세월의 빠름에 올 한 해도 끝자락에 섰습니다. 지난날 우리의 삶이 막연한 기다림의 연속이었으나 구약의 약속대로 오신 예수님. 설레는 마음으로 재림을 기다리게 하시고 다가오는 성탄절을 기쁨으로 맞이하는 주님의 백성들 되게 하옵소서. 세상 사람들도 그리스도인들의 잔치 크리스마스는 아오니 한낱 행사에 지나지 않는 즐거운 날로 알기보다 거룩한 주님 전에 나와 예수님의 탄생의 기쁨을 같이 나눌 수 있도록 세상의 시선을 옮겨 주시옵소서.

　하나님, 한 해를 돌아볼 때 얼마만큼 예수님을 알렸고 얼마만큼 착한 행실로 주님의 향기를 발했는지 부끄러움밖에 없습니다. 복음을 전하기엔 거부가 두려워 애써 외면하진 않았는지 용서하여 주시옵소서.

그저 쳇바퀴 돌듯 반복되는 생활 속에서 내가 누구인지, 무엇을 위하여 달려왔는지, 진정 하나님 외엔 다른 우상은 없었는지 회개의 은혜가 있게 하옵소서. 어떤 유혹도 어떤 죄악의 행실도 성령의 검으로 제거하여 주시옵고 하나님의 전신갑주를 입어 욕망의 포로에서 벗어날 수 있는 은혜받은 자의 삶으로 살아가게 하옵소서.

우리의 싸움이 부의 축적을 위한 욕망이 아니라 통치자 권세자 어둠의 주관자들이오니 악의 영들과의 영적 싸움에서 승리하게 하옵소서. 육신을 위한 삶보다 목적을 두고 목표를 세워 의미 있는 삶으로 예수님의 본을 받아 이타적인 삶이 되길 원합니다. 나누는 삶, 대가 없이 주는 삶, 헌신의 삶을 주님이 기뻐하실 것에 만족하며 마음의 생각을 행동으로 실천하며 살아 내는 우리 되게 하옵소서.

이제 얼마 남지 않은 대통령 선거를 주관하여 주시옵고 국민들의 올바른 선택이 이 나라를 세워 가는 발판이 되게 하옵소서.

우리 교회 성도님들 각 가정마다 하나님의 은총을 덧입어 복된 가정 되게 하옵시고, 각자의 기도 제목들이 하나님께 상달되어 놀라운 기적을 체험케 하옵소서.

교회를 사랑으로 지켜 주신 하나님, 목사님을 성령의 오른팔로 붙드시며 세워진 계획 능히 감당할 수 있는 은혜를 주시옵고, 영과 육의 강건함을 허락하시어 주님을 향한 비전이 풍성한 열매로 맺어지게 하옵소서.

말씀 받들어 단위에 세우신 주의 종, 성령 충만함을 허락하시어 말씀을 전할 때 낙심한 마음과 지친 심령에 기쁨과 소망이 되게 하시고, 하나님의 은총과 능력의 말씀으로 비워진 우리 마음에 채워지게 하옵소서. 소망 중에 하나님을 바라보게 하시고 사랑으로 섬기길 사명으로 살아온 전도사님과 늘 함께하시길 기도합니다. 모든 것 주님께 의탁드리오며 감사함으로 기도드렸습니다. 아멘.

2021. 12. 24.

"그러나 주께 피하는 모든 사람은 다 기뻐하며
주의 보호로 말미암아 영원히 기뻐 외치고
주의 이름을 사랑하는 자들은 주를 즐거워하리이다"
(시편 5:11)

　하늘을 펴시며 땅의 터를 세우시며 사람 안에 심령을 지으신 만군의 여호와 하나님. 하나님을 높여 경배드리게 하심을 감사드립니다. 오직 하나님께 영광 돌리는 귀한 시간 되게 하옵소서.
　말씀에 순종하는 모든 자에게 영원한 구원의 근원이 되시는 주님. 게으르지 아니하고 믿음과 오래 참음으로 말미암아 약속들을 기업으로 받는 주님의 백성 되게 하옵소서.
　하나님을 사랑하고 하나님의 계명을 지키는 자를 위하여 언약을 지키시고 그에게 인자를 베푸시는 하나님. 우리가 하나님의 법안에 살려고 노력은 하지만 하나님이 주시는 감동이 아니면, 하나님이 붙잡아 주시지 아니하면, 우리의 능력은 헛된 것이오니 우리가 곁길로 갈 때마다 붙잡아 주시옵고, 알게 모르게 짓는 죄를 용서하시되 회개로 말미암아 은혜받는 주님의 백성 되게 하옵소서.

> 영혼 없는 몸이 죽은 것 같이 행함이 없는 믿음은 죽은 것이니라(야고보서 2:26)

아브라함의 행함과 라합의 행함이 의롭다 칭함을 받은 것처럼, 우리에게 지혜와 지식의 풍성함을 주셔서 배운 대로, 받은 대로, 들은 대로, 본 대로 행할 수 있는 산 믿음 주시옵소서.

하나님, 이 나라를 긍휼히 여겨 주시옵소서. 자비를 베풀어 주시옵소서. 하나님의 은혜가 이 땅에 임하시어 백성들의 간구에 귀 기울여 주시옵소서. 병원의 문턱이 좁아 못 들어가는 중증 환자들, 날로 더해 가는 코로나 발병 숫자들, 목숨을 잃어 가는 귀한 생명들 고쳐 주시옵소서. 우리는 기도뿐이지만 현장에서 수고하시는 종사자들 위로와 격려로 건강도 책임져 주시옵소서. 코로나 이전 평안할 때 감사와 찬양과 말씀에 나태했던 신앙들이 이 기회로 하나님의 뜻을 알아 가며 진리에 순종하는 삶을 살아가게 하옵소서.

하나님, 대통령 선거가 얼마 남지 않았습니다. 선의의 경쟁이 되게 하시고 과거를 들춰 비판하기보다 국민을 살리는 공약이 진실해서 국민들이 신뢰하는 대통령이 선출되게 하옵소서.

우리 교회를 사랑으로 세우신 하나님. 작은 교회지만 큰일을 행하실 하나님의 능력을 믿습니다. 아름다운 소문이 퍼져 우리의 공동체가 굳건히 서가게 하옵시고 사랑과 선행으로 격려하며 권면하고 하나님의 뜻을 세워 가는 출발점이 되게 하옵소서. 공의로우시며 구원을 베푸시며 겸손하셔서 나귀 새끼를 타셨던 예수님을 기억하며 성탄절을 설레는 마음으로 맞이하게 하옵소서.

우리 교회 목사님을 기억하셔서 말씀에 능력을 더하여 주시옵고 우리 교회를 통하여 복음이 전파되게 하옵시고 하나님의 권능으로 은혜를 더하사 목사님의 소망 기도가 하나님의 응답으로 나타나게 하옵소서.

　설교자로 세우신 전도사님께 사명과 소명을 감당할 수 있는 능력을 부어 주시옵고 성령의 도우심이 가는 곳마다 동행하셔서 복음의 씨앗이 열매로 맺어지게 하옵소서. 영적 부요함과 육의 강건함이 늘 하나님의 사랑 안에서 충만하게 하옵소서. 말씀에 은혜 입는 시간 되기 원하옵고 감사드리며 예수님의 이름으로 기도드렸습니다. 아멘.

2021. 12. 31.

"여호와와 같이 거룩하신 이가 없으시니
이는 주 밖에 다른 이가 없고
우리 하나님 같은 반석도 없으심이니이다"
(사무엘상 2:2)

거룩하고 자비로우시며 인애가 크신 하나님. 진리 안에서 자유할 수 있는 은혜를 주시고, 주님의 머리 된 교회로 인도하사 하나님께 영광을 올려 드리게 하심을 감사드립니다. 날마다 영의 양식, 육의 양식으로 채워 주시고 환난 가운데서도 붙잡아 주시오니 감사드립니다.

너희는 먼저 그의 나라와 그의 의를 구하라 하셨는데 하나님의 나라보다 나를 위한 간구함이 앞서지 않았는지 뒤돌아보며 회개하오니 하나님의 의를 먼저 구하는 믿음의 자녀 되게 하옵소서.

비천한 자를 들어 쓰시고 굶주린 자에게 좋은 것으로 배부르게 하시고, 부자는 빈손으로 보내셨던 주님. 우리가 예수님이 행하신 것을 본받아 도움이 필요한 자들에게 손과 발, 눈과 마음이 열려 도움을 아낌없이 줄 수 있는 겸손과 사랑 헌신이 있게 하옵소서.

물질은 없어도 소외된 자들에게 마음을 같이할 수 있는 기회를 주시니 감사드립니다. 길 잃고 방황하는 영혼을 사랑의 눈으로 바라보게 하시고, 한 영혼의 소중함을 깨달아 기도하며, 그들에게 복음의 씨앗을 심을 수 있는 용기를 주시옵소서.

누군가 사막이 아름다운 건 어딘가 오아시스가 숨어 있기 때문이라고 했습니다. 세상이 각박하고 슬픔도 크지만, 오아시스를 찾아내고 연결하는 따뜻한 마음을 가진 성도의 품성에서 그리스도인들의 향기가 흘러넘치게 하옵소서.

참으로 그 어느 해보다 2021년은 기쁨보다 좌절이, 기대보다는 절망이, 평온보다는 두려움이 컸던 한 해였습니다. 그러나 우리 마음엔 감사가 있게 하옵소서. 우리 마음에 사랑이 물들게 하옵소서. 우리 마음이 화평을 느끼게 하옵소서. 사망이 생명으로, 아픔이 치유로, 세상을 이길 수 있는 하나님의 능력 자비를 베풀어 주시옵소서. 새해엔 진보적인 많은 변화가 있을 것 같습니다. 회복되는 은혜가 있게 하옵소서.

교회를 통하여 하나님의 복음이 전파되길 원하시는 하나님. 우리 교회 각 지체가 한마음 한 몸을 이루어 하나님의 뜻을 성취할 수 있는 교회 되길 원합니다. 이곳에 터를 놓으시고 목사님을 세우셨음에 감사드립니다. 목사님께 말씀에 능력을 더하여 주시옵고 세워진 기도의 제목들이 응답되며 목사님을 비롯해 우리 교회가 이 지역에 구원의 방주가 되게 하옵소서.

이 시간 말씀을 대언하실 때 성령으로 도우셔서 우리를 향하신 하나님의 뜻을 발견하게 하시고 성령의 충만함을 부어 주셔서, 가는 곳마다 머무는 곳마다 복음의 씨앗이 열매로 맺어지게 하옵시고 하나님의 일을 하고자 하는 뜻 위에 능력을 더하여 주시옵소서. 감사드리오며 예수님의 이름으로 기도드렸습니다. 아멘.

2022. 01. 07.

"여호와께 감사하라 그는 선하시며 그 인자하심이 영원함이로다"
(시편 136:1)

    만민이 기도하는 하나님의 집으로 발걸음을 인도하시고 주께서 마땅히 받으실 찬양과 신령과 진정으로 예배드리게 하심을 감사드립니다. 하나님께 영광 올리는 시간 되게 하옵소서.
    불평보다는 감사가, 미움보다는 사랑이. 하나님의 은혜 가운데 거하게 하시니 또한 감사드립니다. 사랑의 하나님께서 늘 동행하심을 알게 하시고 순간순간마다 지켜 주시며 우리의 간구에 응답하시는 하나님을 의지하게 하시니 감사드립니다.
    지나간 시간도 말씀에 비춰 살려고 하였지만, 우리 내면의 중심에 하나님 아닌 다른 것들이 주인 노릇 할 때가 있었음을 용서하여 주시옵고, 삶에 있어 하나님이 드러나는 겸손의 삶을 살아가게 하옵소서.
    약할 때 강함 주셨고 로뎀나무 아래서 죽기를 소원했던 자도 생명 나무로 살리셨던 하나님. 이 지루한 침체의 광야에서 삶을 포기하고 싶은 자들 희망이 안 보이는 약한 자들 보고 계시나요? 우리의 발걸음과 함께 동행하여 그 자리로 옮겨 주시옵고 하나님의 긍휼하심으로 생명 만나와 떡으로 자비와 은혜를 베풀어 주시옵소서.

새해 임인년, 강직하고 우아한 세상적 호랑이의 해가 시작입니다. 새로운 시작을 주셨사오니 하나님을 의지하여 믿음으로 굳건히 서갈 수 있도록 새 힘을 주시옵소서. 오늘 있다가 내일 아궁이에 버려진다 해도 우리를 빚으신 하나님의 뜻에 합당한 삶을 살아내게 하옵소서.

누군가 머리에는 지혜가, 가슴에는 사랑이, 얼굴에는 미소가, 손에는 항상 부지런함이 있게 해 달라고 소원했던 것처럼 사랑은 마주 봄의 법칙이라. 하나님과 우리의 사랑이 날마다 마주 보는 사랑이 되길 원합니다.

하나님, 우리나라를 긍휼히 여겨 주세요. 그 어느 해보다도 혼란스럽고 힘든 시기입니다. 대통령을 비롯한 모든 위정자들이 하나님을 두려워하여 백성들의 소리에 귀가 열리고 진리대로 이끌어 갈 수 있는 대통령을 세워 주시옵소서.

인애와 진리가 풍성하신 하나님, 주님의 뜻과 섭리가 계셔서 우리 교회를 세우시고 이끌어 주심에 감사드립니다. 우리 교회 목사님께 성령의 충만한 은혜를 더하여 주시옵고 영육의 강건함을 주셔서 하나님께서 허락하신 목회의 비전들이 성취되도록 은혜를 주시옵소서. 말씀에 굳게 세우시고 성도님들 이끌어 가시는 데 어려움 없도록 도와주시옵소서.

금요일 밤 예배 전도사님이 하나님의 말씀을 전하고자 합니다. 대언하실 말씀을 통하여 하나님의 음성을 듣게 하시고 우리의 영혼을 깨우쳐 진리 안에 지혜와 성령의 역사하심을 힘입어 은혜와 사랑을 이웃에 흘려보내게 하옵소서.

마리아와 한나가 하나님을 지극히 높여 드림같이 오직 하나님을 높여 드리며 헌신과 사랑으로 이웃을 섬기는 딸의 중심을 아시오니 기도의 제목 하나하나가 하나님의 뜻 안에서 이루어지게 하옵소서. 감사드리오며 예수님의 이름으로 기도드렸습니다. 아멘.

2022. 01. 14.

"이 하나님은 영원히 우리 하나님이시니
그가 우리를 죽을 때까지 인도하시리로다"
(시편 48:14)

　천지 만물을 창조하신 하나님. 우리에게 모든 것을 주심에 감사드립니다. 어느 것 하나 하나님의 손길이 미치지 않은 것이 없사오니 주신 것에 감사드리며 하나님께 영광 올려 드립니다.
　언제나 늘 출근길이 행복한 것은 하나님의 창조물을 보기 때문입니다. 이른 아침 태양이 뜨기 전 동쪽 하늘엔 레드카펫을 깔아 신랑 맞을 준비를 한 양, 남쪽 하늘에 솜털같이 하얀 구름은 구름 타고 올라가신 예수님이 타고 오신 듯, 찬양하듯 졸졸 흐르는 도랑물 소리며 이름 모를 각종 새들의 노랫소리는 엿새 동안 창조하신 감탄과 신비를 자아냅니다.
　그중에 으뜸인 하나님의 형상대로 빚은 우리를, 빚으신 목적대로 믿음의 분량대로 주신 달란트대로 그 많고 많은 사람들 중에 우리를 택하셔서 자녀 삼아 주셨고, 만물을 다스리라 하셨사오니 분명 우리는 존귀한 존재입니다.

그러나 하나님 앞에 바로 서야 할 텐데 우리의 영이 둔해져서 하나님이 우리에게 개입하시고 일하시고 역사하시는 크고도 놀라운 사랑을 때로는 망각하고 자아의 의지대로 살았음을 용서하여 주시옵소서. 탐욕의 죄, 비판의 죄, 정죄의 죄로부터 결박을 풀어 주시옵고 하나님은 사랑이시니 사랑의 눈으로, 용서의 마음으로 포용할 수 있는 은혜를 베풀어 주시옵소서.

정치적 대립과 경제적 불황, 자영업자들의 어려움, 온 국민들이 어려움 가운데 있사오니 국민을 위해 존재하는 정치권이 되게 하시고 모든 백성들의 소망과 기쁨을 되찾는 은혜와 능력이 회복되게 하옵소서.

우리 교회가 초대 교회처럼 기도의 용사들이 되길 원합니다. 아브라함이 소돔과 고모라의 악행 때문에 멸망을 안타까워하며 중보 기도 한 것처럼 혼돈스러운 이 시대에 우리 교회가 기도에 힘쓰게 하옵소서.

주께서 기름 부으신 목사님을 하나님의 집에 세우셨사오니 성령의 오른팔로 붙드시며 하나님의 영이 부요하게 하시고 육의 강건함을 주셔서 세워진 계획을 능히 감당할 수 있도록 능력 주시옵소서.

이 밤도 전도사님을 단에 세우셔서 말씀을 듣게 하시니 감사드립니다. 하나님의 검, 진리의 검으로 찔림과 감동과 회개의 은혜가 되는 시간 되게 하옵시고 담대한 믿음과 지혜를 주셔서 더 많은 하나님의 일을 할 수 있도록 하나님의 능력을 부어 주시옵소서. 성령님의 도우심이 함께하셔서 모든 일의 계획과 소망 목표가 응답의 역사로 나타나게 하옵소서. 감사드리오며 예수님의 이름으로 기도드렸습니다. 아멘.

2022. 01. 21.

"주께서 내게 응답하시고 나의 구원이 되셨으니
내가 주께 감사하리이다"
(시편 118:21)

    구원의 빛으로 오신 주님, 은혜 가운데서 우리를 보호하시고 인도하사, 예배를 사모하는 마음을 주시고 찬송과 기도로 하나님께 영광 드리게 하심을 감사드립니다.

    주님의 영원한 영광이, 참여케 하신 주님께서 지금의 당하는 우리의 고난을 친히 온전하게 굳건하게 강하게 견고하게 하시려고 광야의 훈련을 주신 줄 믿습니다. 누구에게나 평탄한 길만 있는 것은 아니기에 인내하며 기쁨으로 주님만 바라보며 이 땅의 끝 천국 소망을 바라보게 하옵소서.

    때로는 조급하고 때로는 나의 의지만 믿고 살 때가 있음을 용서하옵시고, 모든 주권은 하나님께 있음을 믿어 그리스도 안에서 모든 두려움을 이기고 진리에 순종하게 하옵소서.

    하나님, 이 나라 대통령을 세우는 날이 가까웠습니다. 공명정대한 선거가 되게 하시고, 모세 같은 훌륭한 능력자를 세워 주시고, 진리 앞에 무릎 꿇어 하나님을 두려워하는 자가 되게 하시고, 국민이 신뢰할 수 있는 정직한 대통령을 세워 주시옵소서. 그리하여 역대 불운의 오명이 붙은 대통령이 아니라 가장 훌륭한 대통령이 되도록 축복하여 주시옵소서.

하나님의 은혜로 이곳까지 인도하셨음에 감사드립니다. 우리의 사명과 소명 주심을 잊지 않고 있는 날까지, 사는 날까지 화평을 이루게 하옵시고 작은 공동체나 교회를 통하여 일하시는 하나님의 뜻을 세워 가는 데 하나 되게 하옵소서.

하나님, 이곳에 터를 놓아 목사님을 세우셨음에 성령의 도우심으로 인하여 주신 지혜와 능력으로 영육 간의 강건함을 주시옵고 모든 계획을 주께서 아시오니 하나님의 뜻 안에서 성찰되게 하옵소서.

금요일 밤 전도사님을 통하여 하나님의 말씀을 듣고자 합니다. 주님의 말씀이 전도사님의 행하는 일마다 진리의 지팡이가 되어 어두운 세상 안내자로 건강한 믿음과 자랑스러운 청지기로 일꾼 삼아 주옵시고 은혜와 사랑의 하나님께서 늘 함께하사 귀한 시간 말씀을 듣는 우리에게 은혜받는 시간 되게 하옵소서. 감사드리오며 예수님의 이름으로 기도드렸습니다. 아멘.

2022. 01. 28.

"그가 사모하는 영혼에게 만족을 주시며
주린 영혼에게 좋은 것으로 채워주심이로다"
(시편 107:9)

    믿음의 백성을 눈동자같이 지키시고 주의 날개 그늘 아래에 감추사 오늘도 주님 전으로 발걸음을 옮기시니 감사드립니다. 그 은혜 지울 수 없어 감동을 주심에 이 시간 진정으로 하나님께 영광 올려 드립니다. 하나님께 감사를 드리는 이 예배가 산제사 되게 하옵소서.

    우리의 일상에서 어려움이 있을 때나 감격이 있을 때마다 하나님을 바라보게 하시고 또 승리케 하신 하나님 감사합니다. 영과 육으로 함께 가는 우리의 삶이 영보다 육을 위한 삶이었다면 우리의 마음이 십자가의 보혈로 용서받길 간구합니다. 그리스도인다운 삶, 하나님의 자녀다운 삶, 그리하여 하나님의 말씀에 따라 삶의 모범을 보이신 예수님 닮아 가길 원합니다.

    하나님, 우린 소망이 있어 행복합니다. 하나님이 함께하시니 두려움이 없습니다. 포도나무에 영원히 붙어 있어 열매 맺는 가지로 남길 원합니다. 어떤 시험이 와도 능히 이길 수 있는 믿음을 주실 줄 믿습니다.

하나님, 이 땅이 거짓이 없는 세상, 위선이 없는 세상, 하나님과 자신만이 아는 내면의 양심 소리에 귀 기울여 정의가 실현되는 세상이 되면 좋겠습니다. 그러면 도덕 철학이 아니라 하나님의 말씀을 바로 알아 순종하는 삶이 되어야 할 텐데 영혼이 죽어 가는 자들을 어찌 구원해야 하나요? 우리를 사용하는 일꾼으로 쓰시되, 성령님의 도우심으로 좋은 만남의 관계를 지속적으로 만들어 주시옵소서. 우리의 입술로는 복음, 구원을 되뇌이지만 하나님의 도움 없이는 바로 잊어버리는 우리, 하나님의 말씀이 시시때때로 생각나게 하사 우리의 입술을 통하여 전도의 눈을 열어 주시옵소서.

하나님, 이 땅에 태어나게 하심을 감사합니다. 인종 차별 없고 난민의 설움 없고 자유가 넘치는 나라, 그럼에도 코로나 관심엔 무뎌 가는 느낌입니다. 이제 너무 오래가지 않도록 회복시켜 주시옵소서.

목사님을 비롯해 우리 교회 성도님들 지켜 주시고 코로나 제한 없이 예배를 빠짐없이 나올 수 있게 하시니 감사합니다. 목사님의 모든 것에 하나님의 축복이 있어야 우리도 건강합니다. 있어야 할 것을 아시오매 채워 주시옵고 성도님들 가정 가정마다 더욱 복음 안에 든든히 세워 주시옵고 바라는 소원 기도의 응답이 행복으로 연결되게 하옵소서.

이제 전도사님이 전하는 말씀의 선포를 듣고자 합니다. 지혜와 명철을 주셔서 말씀을 받아먹는 우리로 감격과 깨우침과 결단이 있게 하옵소서. 하나님의 일을 하고자 하는 길에 언제나 동행하여 주시옵고 복음을 위하여 날마다 하나님의 전에 나와 머리 숙여 기도하오니 기적 같은 은혜를 부어 주시옵소서. 하나님의 일을 하기 위해 건강 지켜 주시옵고 하나님이 먼저 우리를 위해 사랑하는 독생자 아들까지 내어주셨으니 이웃 사랑은 성령님의 도우심으로 찾아다니는 우편배달부가 되게 하옵소서. 이곳에 복음으로 변화되기를 원하오며 감사함으로 예수님의 이름으로 기도드렸습니다. 아멘.

2022. 02. 06.

"주께 힘을 얻고 그 마음에 시온의 대로가 있는 자는 복이 있나이다" (시편 84:5)

　사랑과 은혜가 풍성하신 하나님, 주님의 은혜 가운데 이 모양 저 모양으로 지켜 주심을 감사드립니다. 오늘도 발걸음을 인도하셔서 성전을 사모하는 마음을 주시고 하나님께 영광 돌리게 하심을 감사드립니다.
　자비로우신 하나님, 침묵의 기도로 다락방의 기도로 우리의 마음과 생각을 살피시는 하나님께서 우리의 나아갈 길을 주장하여 주실 줄 믿습니다. 언제나 선을 행하고 계명에 순종하여 복된 삶으로 인도하시는 하나님이심을 믿어 감사하면서도 때로는 갓길로 가곤 합니다. 용서하여 주시옵고 죄를 범하지 않도록 붙잡아 주시옵소서.
　하나님 앞에 신실하게 인정받는 성도 되어 우리 죄를 대속하신 예수님의 사랑처럼 이웃의 사랑을 받았기 때문에 베푸는 것이 아니고 조건 없이 순수한 사랑을 나눔으로 실천하는 우리 모두가 되게 하옵소서.
　오직 주만이 나의 반석이시며 구원이시며 요새이심을 믿습니다. 하나님, 언약의 반석 위에 주의 백성들을 초청하여 말씀대로 순종하기를 원하시는 하나님. 우리가 아버지의 사랑을 충만히 받는 자녀이길 원합니다. 마음의 생각에 마귀가 틈타지 않도록 하나님의 것을 세워 주시옵소서.

하나님, 언뜻 스쳐 가는 가수의 노래 한 구절이 생각납니다. 우리는 늙어 가는 것이 아니라 익어 가는 것이라고. 우리의 삶이 세상의 끝날까지 복음의 완성을 위해 성숙한 승리자가 되게 하옵소서.

하나님 이 나라를 긍휼히 여겨 주시옵소서. 정치가는 많아도 경제가는 많아도 종교인은 많아도 여전히 혼란스럽습니다. 모두 각자의 분야에서 정직의 소리를 내게 하시고 이 나라를 위한 진실한 일꾼들이 되게 하옵소서.

날로 심해 가는 코로나를 잡아 주시옵고 핑계 아닌 핑계로 나태해진 믿음이 다시금 회복되어 초대 교회처럼 복음의 역사, 부흥의 역사가 불붙게 하옵소서. 그 일에 우리 교회가 일익을 담당하는 성도 되게 하옵시고 우리의 심령들을 위해 애쓰시는 목사님께 은혜와 성령의 충만하심으로 덧입혀 주시옵고 늘 건강한 믿음의 부요와 육의 강건하심으로 하나님의 일하심에 어려움 없도록 도와주시옵소서. 감사드리며 예수님의 이름으로 기도드렸습니다. 아멘.

2022. 02. 13.

"믿음으로 모든 세계가 하나님의 말씀으로 지어진 줄을 우리가 아나니 보이는 것은 나타난 것으로 말미암아 된 것이 아니니라"
(히브리서 11:3)

   천지와 바다와 그 가운데 만물을 지으시고 태초부터 우리를 예정하사 하나님의 자녀 삼아 주셨사오니 영광과 존귀와 감사를 올려 드립니다.
   영과 진리로 참되게 예배하는 자를 찾으시는 하나님. 우리가 이 시간 그 한 사람이 되길 원합니다. 하나님 앞에서 예배드리며 하나님 앞에서 살아가고 예수님이 우리 앞에 길을 예비하심 따라 순종하며 가는 성도 되길 원합니다.
   세상의 미련한 자, 천한 자, 약한 자, 멸시받는 자를 택하사 세상의 지혜 있는 자, 강한 자, 부한 자의 교만을 넘어뜨려 부끄럽게 하시고 하나님 앞에 자랑하지 못하게 하신 하나님. 자랑하는 자는 명철하여 여호와를 아는 것과 여호와는 사랑과 정의와 공의를 땅에 행하는 자인 줄 깨닫는 것이라 그리고 그 일을 기뻐하신다고 하셨사오니 우리가 하나님을 알아 가는 것과 하나님을 기쁘시게 행하는 일과 겸손하게 주 앞에 자신을 낮추는 하나님의 백성 되게 하옵소서.

아직도 미흡하여 우리의 마음과 생각이 교만할 때가 있음을 용서하여 주시옵고, 일상에서 죄를 범하는 일보다 선한 일을 더 많이 행했음을 예쁘게 기억하사, 마음의 생각이 교만한 자들을 흩으시는 하나님께서 우리가 반복되는 죄를 범하지 않도록 성령의 오른팔로 붙잡아 주시옵소서.

코로나로 인한 현실, 문 닫는 교회들, 경제적 어려움을 당하는 자의 고통을 보시고 부르짖음을 들으시고 근심과 걱정을 알고 계실 하나님. 묵묵히 하나님만 바라며 성령을 소멸하지 않은 믿음 안에서 모든 은혜의 하나님께 소망을 두고 기도하오니 예배와 경제와 정치가 회복되는 은혜의 역사가 일어나게 하옵소서.

에벤에셀의 하나님. 우리 교회를 지금까지도 인도하심을 감사드립니다. 여호와 이레 하나님께서 앞으로의 우리 공동체를 변함없이 열어 주실 것을 믿습니다. 하나님의 일이 교회에서부터 시작되고 이웃에 흘려보내는 따뜻한 마음이 복음의 씨앗 되게 하옵소서.

단에 세우신 목사님, 충만한 은혜 가운데 하나님의 꿈이 목사님의 비전이 되게 하옵시고, 쉬지 않는 기도의 제목이 응답되게 하옵소서. 전하시는 말씀이 생명의 근원이 되며 삶으로 이어질 때 화평을 이루며 복된 삶이 되게 하옵소서. 감사드리오며 구원자이신 예수님의 이름으로 기도드렸습니다. 아멘.

2022. 02. 20.

"여호와께서 다만 너희를 사랑하심으로 말미암아,
또는 너희의 조상들에게 하신 맹세를 지키려 하심으로 말미암아
자기의 권능의 손으로 너희를 인도하여 내시되 너희를 그 종 되었던
집에서 애굽 왕 바로의 손에서 속량하셨나니 그런즉 너는 알라
오직 네 하나님 여호와는 하나님이시요 신실하신 하나님이시라"
(신명기 7:8-9)

　하늘의 하나님. 이 땅에 티끌 같은 우리를 무엇이건 이처럼 사랑하여 주셔서 세상과 구별되어 주의 백성 삼아 주시고, 이 시간도 성전을 사모하는 마음을 주셔서 예배 자리로 인도하시니 감사드립니다. 존귀와 영광 홀로 받으시옵소서.
　건강한 나무라야 건강한 열매를 맺듯 우리의 믿음이 건강해져 열매 중에 최고인 성령의 열매를 맺게 도와주옵소서. 우리의 삶이 환경의 지배, 유혹의 지배, 권세의 지배 아래 있었는데 구원의 감격을 때때로 망각한 채 주어진 삶에 족한 줄 모르고 자아의 욕심 때문에 시험에 빠짐을 용서하여 주시옵소서. 하나님 앞에 바로 서가기를 원합니다. 세상 사람들의 듣기 좋은 칭찬보다 하나님의 칭찬받기를 원합니다. 말씀을 보고 듣고 받은 대로 성숙되어 가는 변화된 삶을 살아가게 하옵소서.

예수님이 새벽 미명에 한적한 곳을 찾아 기도하셨듯이 우리의 하루 시작이 하나님의 집에서 열게 하시고 그날의 감사와 회개가 침상에서 말씀의 묵상으로 주님의 날개 아래 있게 하옵소서.

천지는 없어지겠으나 내 말은 없어지지 아니하리라(마가복음 13:31)

주의하라 깨어 있으라 그때가 언제인지 알지 못함이라 말씀하신 예수님, 영원불변하신 하나님 앞에 우리가 깨어 있어 기도하고, 재림하시는 날에 하나님 앞에 내놓을 칭찬받을 상급을 준비하는 순종의 자녀들 되게 하옵소서.

하나님, 요즈음 우리의 시선으로 세상을 볼 때 밝은 미래보다 어두운 터널이 너무 깁니다. 재앙은 인간의 탐욕으로 시작되었사오니 용서하여 주시옵고, 간절히 기도하옵기는 코로나 이전으로 회복시켜 주셔서 거기서부터 다시 복음의 부흥이 일어나게 하옵소서.

대통령 선거일이 다가오고 있습니다. 이번에는 정치꾼다운 정치인 대통령이 선출되도록 국민의 올바른 지혜를 모아 주시옵소서. 경제보다 앞서 세계에서 행복 지수가 가장 높은 화평의 나라가 되게 하옵소서.

이 땅에 아담한 교회를 사랑으로 세우시고 목사님의 지도 아래 든든히 서가게 하심을 감사드립니다. 하나님의 뜻 안에서 목사님의 기도 제목이 성취되게 하옵시고 영육 간의 강건하심과 성령님의 도우심이 늘 함께하시길 기도합니다. 늘 가시는 곳마다 운전대를 지켜 주시옵소서. 감사드리오며 예수님의 이름으로 기도드렸습니다. 아멘.

2022. 02. 27.

"네 하나님 여호와를 경외하여 그를 섬기며
그에게 의지하고 그의 이름으로 맹세하라
그는 네 찬송이시요 네 하나님이시라
네 눈으로 본 이같이 크고 두려운 일을 너를 위하여 행하셨느니라"
(신명기 10:20-21)

    크고 능하시며 두려우신 하나님, 지금까지도 부어 주신 은혜 너무도 감사합니다. 우리에게 해가 되는 곤충도, 인간의 힘으로 막을 수 없는 자연재해도, 먹이사슬과 인내를 일깨워 하나님의 능력을 보여 주심에 경외드립니다. 진정으로 하나님 앞에 영광 올리오니 받아 주시옵소서.
    정의를 행하시는 주님. 우리가 믿음의 본질을 떠나 생각 없이 짓는 죄, 작은 죄까지도 용서하여 주옵시고 회개의 은혜로 말미암아 거듭난 삶을 살아가게 하옵소서.
    허울뿐인 그리스도인, 명찰만 달고 다니는 것이 아니라 약해져 가는 내 안에 성전을 수축하여 무너지지 않도록 여호와의 영이 우리를 주장하여 주시옵소서. 머무는 곳이 예배가 되게 하시고 흩어지는 곳에 복음 전파가 우리를 통해 나타나게 하옵소서.

공평하신 하나님. 우리에게 각자의 믿음의 분량대로 질그릇에 명철을 담아 주시옵고, 어느 사람 하나 똑같은 모양이 없으되 각자의 재능과 달란트를 주셨음에 각자의 욕심과 자랑이 되지 않게 하옵시고, 오직 주님의 영광을 위해 빛이 드러나게 하옵소서.

예전에 듣던 말 중에 공부해서 남 주나. 지금은 남을 주는 것, 남을 살리는 것이 더불어 내가 사는 것임을 새삼 생각해 봅니다. 나누는 삶이 생활이 되게 하옵소서.

하나님, 전도가 어렵습니다. 우리의 능력으로는 언제 어느 때 이웃 어른들이 오셨는데도 신 가운데 신이며 주 가운데 주이심을 믿사오나 하나님 말씀 전함이 왜 그리 어려운지요. 우리의 작은 선한 행위로만은 아닐 텐데, 때를 얻든지 못 얻든지 어디서나 복음 전함이 우리의 사명임에 우리에게 전도의 입을 열어 주셔서 그들로 하여금 하나님이 누구시며, 예수님이 누구시며, 십자가가 무엇인지 관심이 있게 하시고 당당하게 복음을 전할 수 있도록 능력을 주시옵소서.

하나님 적은 수의 공동체이지만 사랑하시어 지금까지도 지켜 주신 하나님 감사합니다. 각 가정마다 복음 때문에 기쁨이 넘치는 가정 되게 하옵시고, 우리의 공동체가 사무엘이 기도하기를 쉬는 죄를 여호와 앞에 결단코 범하지 아니하겠다고 한 것처럼, 사무엘을 본받아 살아가게 하옵소서.

우리 교회 목사님께 영과 육의 강건함을 주시옵고 성령의 두루마기를 입혀 주셔서 증거되는 말씀마다 상한 심령들에게 위로가 되게 하시고 우리의 심령이 변화되어 소망을 잃지 않게 하옵소서. 감사드리며 예수님의 이름으로 기도드렸습니다. 아멘.

2022. 03. 06.

"여호와는 네게 복을 주시고 너를 지키시기를 원하며
여호와는 그의 얼굴을 네게 비추사 은혜 베푸시기를 원하며
여호와는 그 얼굴을 네게로 향하여
드사 평강 주시기를 원하노라 할지니라 하라"
(민수기 6:24-26)

　입이 있어 다 말할까, 마음에 있어 다 열 수 있을까, 못다 표현할 크신 하나님의 사랑과 은혜에 감사드립니다.
　불순종을 반복했던 백성들도 하나님의 마음에 합한 자들로 끊임없는 사랑과 섭리를 보여 주시고 인도하시며, 그 후손들을 지금까지도 양육하시며, 지켜 주신 은혜에 감사와 영광을 올려 드립니다.
　주님께서 세상에 머무시는 동안 가르치시고 행하신 일들을 기억하며 나를 낮추는 겸손함으로 날마다 순종의 길을 걸어가게 하옵소서. 나는 마음이 온유하고 겸손하니 나의 멍에를 메고 내게 배우라 하신 예수님. 우리는 멍에와 십자가를 지기보다 시간의 흐름대로, 편리한 대로 이렇게 사는 것이 나의 정의라 생각하고, 희생도 봉사도 거부함이 있었다면 용서하여 주시옵고, 주님 앞에 온전히 세워져 가는 믿음의 자녀로 주님의 기쁨이 되는 성도 되게 하옵소서.

선한 데는 지혜로움을 다하고, 악한 것에는 모양조차 버릴 수 있는 용기를 주시옵고, 어제보다는 더 성숙된 믿음으로 오늘도 그 믿음의 행함으로 알 수 없는 내일보다, 오늘에 최선을 다하는 삶이 되게 하옵소서.

바울이 말한 하나님의 비밀을 맡은 자가 가져야 할 덕목은 충성이라. 우리가 하나님의 은밀하고 크신 비밀인 보화를 날마다 발견하여 그 뜻을 이뤄 가는 충성된 자녀 되게 하옵소서. 바울이 하나님의 뜻을 기도함으로 삶으로 살아 낸 것처럼 이 어려운 시기에 우리 모두가 기도의 삶으로 살아 내서 하나님의 응답이 더딜지라도 인내로 오래 참음으로 좌절하지 않고 믿음으로 소망을 꿈꾸게 하옵소서.

대통령 투표일이 며칠 남지 않았습니다. 하나님을 두려워하고 백성을 두려워하고 양심을 두려워하는 마음으로 정도의 길을 가는 대통령이 선출되도록 국민의 바른 눈을 밝혀 주시옵소서. 22년도의 봄과 함께 코로나도 잠들고 새 대통령으로 인해 경제를 살리고 모든 것이 제자리로 회복되는 역사가 반드시 일어나도록 하나님 도와주시옵소서.

이 시간 목사님께서 말씀 대언하실 때 성령의 은총이 함께하셔서 우리 마음밭에 건강한 복음의 진리의 씨앗을 뿌려 주시고 성령의 도우심으로 가꾸어 주시며 그 결실의 열매를 맺어 가는 은혜를 주시옵소서. 목사님께 영육의 강건하심과 기도의 제목마다 주님 안에서 성취되게 하옵소서. 은혜받는 귀한 시간 되기 원하오며 감사드리며 기도드렸습니다. 아멘.

2022. 03. 11.

"온갖 좋은 은사와 온전한 선물이
다 위로부터 빛들의 아버지께로부터 내려오나니
그는 변함도 없으시고
회전하는 그림자도 없으시니라"
(야고보서 1:17)

    우리의 삶에 주인 되신 거룩하고 자비로우신 하나님. 이 시간도 하나님을 찬양토록 이끄시는 성령님의 도우심에 감사드립니다. 날마다 믿음이 성장하여 바른 결단과 주님만 의지하고 섬기며 바로 서가는 주님의 백성 되게 하옵소서.

    우리의 반석이시며 지존하시며 구속자이시고 피난처 되심을 믿습니다. 하나님은 우리의 생각과 달리 용서받지 못할 자 같으나 회개하여 구원받게 하시고, 겉으로는 포장된 그리스도인 같으나 중심을 아시며, 삶의 끝자락에서도 일으켜 세우시는 분임을 그리스도인들의 간증을 통해서 봅니다. 하나님 우리가 갈대처럼 바람의 방향 따라 흔들리기는 하나 뿌리는 하나님의 터에 굳게 박게 하심과, 넘어지기는 하나 오뚜기처럼 세우심은, 하나님께서 우리 손을 놓지 않으시기 때문입니다. 진정 감사드립니다.

하나님 안에 우리가 있고, 우리가 하나님의 성전임을 잊지 않고 자녀답게 그리스도인임을 늘 인식하며 살아가게 하옵소서. 그럼에도 지난 주간 말씀에서 벗어나 주님의 영광 가리는 삶을 살았습니다. 용서하여 주옵소서.

하나님, 대통령 선거가 끝났습니다. 국민의 지지를 받아 당선된 대통령께 적을 두지 말고 아울러 온 국민의 소원을 담아 공명정대하며 백성을 위한 정치를 할 수 있도록 기도하는 믿는 자들의 간구를 들어 주시옵소서. 우리로 하여금 하나됨을 위해 중보 기도 할 수 있도록 도와주시옵고, 세상 속으로 들어가 복음의 통로가 되어 구원의 숫자가 날마다 늘어나게 하옵소서.

하나님 우리 교회 목사님을 기억하사 새 힘을 허락하여 주시옵고 세워진 계획마다 능히 감당할 수 있는 능력을 주시옵소서.

금요일 밤 전도사님이 전하는 말씀을 듣고자 합니다. 주님만 의지하며 살아온 것 같은데 많은 세월의 흐름에 뒤돌아보면 누구나 그렇듯 '할걸' 하는 아쉬움이 남는 것 같습니다. 지혜와 지식과 은총을 충만케 하사 옛것은 지났으니 오늘의 새날을 주심에, 아쉬움을 채울 수 있는 성령님의 도움으로 하나님의 임재 안에서 모든 품은 뜻 이루어지게 하옵소서. 감사를 드리며 예수님의 이름으로 기도드렸습니다. 아멘.

2022. 03. 20.

"너희의 하나님 여호와는 신 가운데 신이시며
주 가운데 주시요 크고 능하시며 두려우신 하나님이시라"
(신명기 10:17)

    우리에게 유일신이신 하나님. 주밖에 다른 이가 없음을 믿사와 사랑과 은혜에 감사드립니다. 고난과 고통을 당하면서도 아버지 앞에 순종하신 예수님. 십자가에 못 박히시고 부활하사 우리에게 믿음으로 말미암아 영원한 구원의 반석이 되신 주님께 찬양과 영광을 올려 드립니다.

    진리로 허리띠를 띠고, 의의 호심경을 입어, 구원받은 백성답게 세상과 구별된 삶을 살아갈 수 있도록 거룩한 은혜를 주시옵소서. 거룩하게 되는 것은 말씀과 기도밖에 없음을 믿사오니, 주신 믿음대로 행할 수 있도록 우리에게 감동과 찔림과 회개의 역사가 일어나게 하옵소서. 우리 안에 거룩한 영이 임하사 마귀가 틈타지 않도록 주장하여 주시옵고 주님께 행할 도리를 날마다 생각나게 하셔서 겸손하게 주님이 가신 길 밟아 가게 하옵소서.

    너희가 내 앞에 보이러 오니 이것을 누가 너희에게 요구하였느냐 내 마당만 밟을 뿐이니라(이사야 1:12)

진실과 하나님을 경외함이 없이 형식으로 하나님의 집을 찾았다면 용서하여 주시옵고, 신령과 진정으로 교회를 통하여 하나님 나라가 견고하게 서가게 하옵시고, 교회를 통하여 부흥의 역사가 일어나게 하옵소서.

하나님께서 들어 쓰실 때 강한 자 권세 있는 자가 아니라, 약하고 비천한 자, 다윗과 기드온의 삶을 통해 높이신 것처럼, 우리의 약함도 하나님의 영광을 위하여 복음 전파를 위하여 사용하옵소서.

코로나 확진자가 하루하루 무섭게 증가합니다. 이젠 놀라기에도 무덤덤합니다. 아플 만큼 아파야 성숙되나요? 고난을 당할 만큼 당해야 친히 온전하게 하시고 굳건하게 하시고 강하게 하시고 터를 견고히 세우실 건가요? 하나님만 바라며 인내하며 기도합니다. 평안할 때의 나태했던 삶을 회개하오니 이제 환경 오염도, 인간의 탐욕도 변화되어 에덴의 아름다움을 바라보게 하옵소서.

하나님, 이 땅에 종교, 정치, 경제, 문화가 회복되도록 은혜 주시옵소서. 새 대통령을 세우셨으니 국민을 위한 바른 정치를 할 수 있도록 온 백성의 기도를 들어 주시옵소서.

이곳에 하나님께서 교회를 세우신 뜻을 헤아려 사명을 감당케 하옵시고 소명으로 세우신 목사님께 모든 은혜의 하나님 안에서 어려움 없으시도록 충만함을 주시옵소서. 이제 선포하시는 말씀을 듣습니다. 말씀을 들어도 유익하지 못한 것은 듣는 자가 믿음으로 결부시키지 않음이라. 듣는 우리에게 귀가 열려 믿음으로 아멘 할 수 있는 귀한 시간 되게 하옵시고 은혜받는 시간 되게 하옵소서. 감사드리오며 예수님의 이름으로 기도드렸습니다. 아멘.

2022. 04. 10.

"여호와는 나의 빛이요 나의 구원이시니
내가 누구를 두려워하리요"
(시편 27:1)

　주는 심히 위대하시며 존귀와 영광과 능력으로 옷 입으신 하나님. 신령과 진정으로 하나님을 경외하는 마음을 담아 영광 올려 드리오니 기뻐 받으시옵소서. 우리의 발걸음을 인도하사 거룩한 성전에 참된 예배자로 불러 주심을 감사드립니다.
　인간이 율법의 길로는 해결 방법이 없어 우리의 죄 때문에 죽임을 당하셨고, 십자가의 은혜로 우리를 살리신 주님. 값없이 내어주신 은혜 너무도 감사합니다. 사순절 고난 주간, 예수님의 행보 읽고, 묵상하고, 또 선한 것이 무엇인지 보게 하시고, 알게 하신 온유하심과 겸손하심을 우리로 하여금 선포하여 삶으로 살아 내게 도와주시옵소서.
　변함없으신 사랑으로 날마다 선한 길을 예배하시는 좋으신 하나님. 그럼에도 우리의 분별이 흐려져 하나님의 마음을 아프게 할 때가 있음을 용서하옵시고, 분별하는 능력을 주셔서 선한 청지기로 살아가게 하옵소서. 느헤미야가 하나님의 마음을 아파하면서 하나님의 마음을 품고 기도한 것처럼, 믿는 자들의 불순종을 안타까운 심정으로 기도하게 하옵소서.

영생의 날에 이르기까지 계명에 순종하길 원하시는 하나님. 순종이 제사보다 낫고 듣는 것이 수양의 기름보다 낫다 했사오니 들음으로 순종하여 이웃에 사랑의 전파사가 되게 하옵소서. 그리스도를 모르는 사람들이 저희를 통해 그리스도를 알게 하시고 우리의 믿음을 사용하여 일하시옵고 복음 때문에 행복한 복된 가정을 이루게 하옵소서.

하나님, 우크라이나 전쟁을 보면서 우리나라의 안보도 어느 때보다 더 기도할 때인 것 같습니다. 세계 모든 나라가 생명의 존엄성을 인식하고 핵무기, 총, 칼을 사용하지 않는 평화의 나라가 되길 기도합니다. 우리나라 대통령께 많은 지혜와 올바른 지식, 총명을 주셔서 바른 정치로 국민을 위해 우크라이나 젤렌스키 대통령 같은 세계적인 주목을 받는 대통령이 되게 하옵소서. 미국에서 망명할 항공편을 보내 준다고 했을 때 그는 나에게 필요한 것은 도망할 항공편이 아니라 더 많은 탄약이라고 했고, 삶이 죽음을 이길 것이며 빛이 어둠을 이길 거라고 했습니다. 우크라이나의 기도하는 사람들을 보며 나라를 위한 국민들의 희생을 보며 전쟁이 속히 종식되고, 그 땅에 평화가 찾아오는 승리를 안게 되길 간절히 기도합니다.

하나님, 호흡할 수 있음에 감사드립니다. 날마다 오늘을 주심에 감사드립니다. 기도할 수 있음에 감사드립니다. 이제 남은 생을 하나님의 마음으로 소외된 자, 눈먼 자의 손발이 되고 주린 자에게 나누어 줄 수 있는 선행을 실천하며 살아가는 주님의 백성 되게 하옵소서. 감사드리오며 예수님의 이름으로 기도드렸습니다. 아멘.

2022. 04. 15.

"네 길을 여호와께 맡기라 그를 의지하면 그가 이루시고
네 의를 빛 같이 나타내시며 네 공의를 정오의 빛 같이 하시리로다"
(시편 37:5-6)

은혜가 풍성하신 하나님. 우리를 예배자로 불러 주셔서 하나님께 영광 돌리는 귀한 시간 허락하심을 감사드립니다.
하나님의 은혜 아니고서는 살아갈 수 없음을 고백합니다.

여호와를 경외하는 것은 생명의 샘이니 사망의 그물에서 벗어나게 하느니라(잠언 14:27)

우리에게 말씀을 먹고 살아가게 하신 은혜 또한 감사드립니다. 우리를 세상 속으로 보내사 세상의 성공과 실패로 우리를 평가하지 않으시고 우리의 잘못을 정죄하지 않으시는 무조건적인 사랑에 감사드립니다.
빌라도 법정에서도 인정한 죄 없으신 예수님이 우리 죄를 대신하여 아버지와의 사랑을 연결시키려고, 십자가의 고통과 고난을 홀로 담당하신 예수님. 그 은혜와 감사를 무엇으로 다 표현하리이까. 짧은 우리에게 주어진 고난 주간도 나의 유익을 위하여 나의 편한 길을 위하여 동참하지 못한 죄인을 용서하여 주시옵소서.

하나님의 채찍과 경고가 없으면 혹여 교만해질까 두렵습니다. 날마다 말씀을 가까이하여 찔림으로, 감동으로 회개의 은혜가 있게 하옵시고, 생명력 있는 말씀으로 날마다 나를 쳐서 복종할 수 있는 변화된 삶이 되게 하옵소서.

온유하고 겸손하신 예수님께서 나를 섬겨 달라 않으시고 나를 쫓으라, 나의 멍에를 메고 내게 배우라 하신 주님. 우리가 예수님의 교훈을 받아 예수님처럼 이웃을 섬기며 선한 일에 등경 위에서 세상을 비추는 빛의 역할을 감당하게 하옵소서.

하나님, 이 땅에 사는 백성들 굽어 살피시사 예배가 회복되게 하옵시고 안정된 안보와 경제의 회복과 코로나가 속히 소멸되는 화평한 날을 허락하여 주시옵소서.

우리 교회를 사랑으로 세우시고 오랫동안 목사님의 인도 아래 든든히 서감을 감사드립니다. 먼저 목사님의 건강을 책임져 주시옵고 소원하는 기도가 하나님의 뜻에 합당하여 이루어지게 하옵소서.

전도사님의 설교를 듣습니다. 비 온 뒤의 광선을 허락하시어 더욱 주님의 기쁨이 되는 여종이 되게 하옵소서. 이 시간 듣는 귀가 열리고 깨닫는 마음을 주셔서 은혜받는 귀한 시간 되게 하옵소서. 감사드리오며 예수님의 이름으로 기도드렸습니다. 아멘.

2022. 04. 22.

"그러므로 우리가 여호와를 알자 힘써 여호와를 알자
그의 나타나심은 새벽 빛 같이 어김없나니 비와 같이,
땅을 적시는 늦은 비와 같이 우리에게 임하시리라 하니라"
(호세아 6:3)

    영광의 주로 오신 주님, 이 시간 감사와 찬양으로 영광 드리오니 기뻐 받으시옵소서. 모든 것에 족하게 채워 주신 하나님 감사합니다. 부활의 승리를 안겨 주신 주님 이 땅에서 행하신 일을 말씀으로 기억합니다. 고통도 당하셨고 배고픔도 있으셨고 울기도 하셨으며 많은 이적을 행하셨던 예수님.
    겸손은 존귀의 앞잡이지만, 교만은 넘어짐의 앞잡이인 것을. 이스라엘 왕들이 교만 때문에 넘어짐을 보았기에, 우리가 말씀을 교훈 삼아 예수님의 겸손을 배워 실천하는 제자 되길 원합니다.
    심은 대로 거두고 심은 것은 반드시 결실을 선물로 주시는 하나님의 은혜를 알면서도 우리의 헌신과 충성에 게을리했음을 용서하여 주시옵소서.
    내 멍에는 쉽고 내 짐은 가벼움이라 하신 예수님, 우리의 육신을 위한 짐이 아니라, 주님을 위한 십자가의 멍에와 저 천국 문에 이를 때 상급 받을 성실한 짐을 메고, 예수님 영접할 준비가 된 성도 되게 하옵소서.

내 육신의 양식을 채우기 전에 남을 먼저 생각했는가? 하나님, 말씀 앞에 허물 많은 우리가 교만치 않게 도와주시옵소서. 우리의 생각, 우리의 언행까지 주장하여 주셔서 믿는 자의 본이 되는 삶을 살아가게 하옵소서.

하나님, 꽃이 만개하고 모든 생물이 생동감 있어, 보는 이들의 마음이 기쁘고 행복하듯이, 코로나와 정치 경제 모든 문제가 화평과 안정된 생활로, 주님 안에서 즐거운 기쁜 나날이 되게 하옵소서.

목사님을 비롯해 우리 교회를 사랑하시는 하나님. 우리가 먼저 복음이 충만하여 복음의 기쁨을 누리고 이웃을 향해 나누며 전할 수 있는 은총을 더하여 주시옵소서.

이 시간 말씀을 전하시는 전도사님의 설교를 듣습니다. 사명과 소명을 감당하기 위해 이곳에 몸을 담은 전도사님을 기억하사 하나님의 뜻에 순응하는 기도의 제목 제목이 성취되게 하옵소서. 예수님의 이름으로 기도드렸습니다. 아멘.

2022. 04. 29.

"주는 한결같으시고 주의 연대는 무궁하리이다"
(시편 102:27)

영원불변하신 하나님. 어제나 오늘도 눈동자같이 지키시고 주님의 날개 그늘 아래에 품어 주셨다가, 이 시간 주님 전으로 인도하시니 감사와 찬양을 올려 드립니다. 하나님께 시선이 고정되어 하나님이 기뻐 받으시는 예배 되게 하옵소서.

평온할 때 감사와 기도에 열성이 있기보다, 나의 의지를 앞세웠던 교만을 용서하여 주시옵고, 믿음을 단련시키기 위한 고난이라면 받겠사오니, 건강한 믿음과 지식과 지혜의 풍성함을 부어 주셔서, 아브라함과 라합이 행함으로 의롭다 함을 받은 것같이, 받은 대로 행할 수 있는 하나님의 성실한 자녀 되게 하옵소서.

길이 아닌 길을 갈 때 훈계로 인도하여 주옵시고, 하나님을 의지하여 선한 삶을 살아가게 하옵소서. 때로는 갈등과 번민 고뇌가 일 때도 하나님은 우리의 위로가 되어 주시고, 나를 쳐서 낮아질 수 있는 슬기를 주심에 감사드립니다.

노하기를 더디 하는 것이 사람의 슬기요 허물을 용서하는 것이 자기의 영광이니라(잠언 19:11)

말씀으로는 보나, 말씀으로 그치고 마는 것을 고백합니다. 우리의 삶을 새 마음 새것으로 변화시켜 주시옵소서.

하나님, 우리 교회 성도님들 가정마다 건강 지켜 주셔서 바라는 소원 기도의 제목마다 응답되는 은혜가 있게 하옵소서.

모든 만물이 약동하는 5월. 어린이날, 어버이날, 스승의날이 있어 더욱 감사의 달입니다. 제자가 준비되면 스승이 존재한다는 미국 유명 배우의 말처럼, 듣고 보고 깨달아 행하기 위해 전도사님의 설교를 듣습니다. 목사님을 비롯해 진리의 말씀으로 양들에게 양식을 배달해 주시니 감사합니다. 듣는 자들에게 풍성한 열매 되게 하옵시고 목자께는 성령 충만의 은혜를 부어 주시옵소서. 감사드리오며 예수님의 이름으로 기도드렸습니다. 아멘.

2022. 05. 06.

"하나님은 나를 돕는 이시며 주께서는
내 생명을 붙들어 주시는 이시니이다"
(시편 54:4)

    높고 높은 하늘 보좌 우편에서 우리의 일거수일투족을 지켜보시며 말씀으로 정도의 길을 인도하시는 주님. 사랑과 은혜를 진심으로 감사드립니다. 말씀이 진리이고 진리는 하나님께 속한 것임을 믿사와 우리를 진리 안에 거하게 하시려고 불러 주심을 감사드립니다. 말씀에 순종하여 하나님께 영광이 되고 우리에겐 은혜받는 귀한 시간이 되게 하옵소서.
    하나님, 우리는 완전한 의인이 아니기에 내면에 죄와 악이 공존합니다. 선이 악에 지배당할 때가 많음을 고백하오니 용서하여 주시옵고 우리의 믿음이 변질되지 않도록 선한 길을 인도하여 주시옵소서.
    우리의 영의 눈을 밝히시어 믿음을 부요케 하여 주옵시고, 날마다 부정적인 삶이 아니라 긍정적으로 변화되는 우리가 되게 하옵소서.
    하나님, 우리가 목표와 나아갈 길을 예비해도 하나님의 뜻이 아니면 가지 못함을 아오니, 죽고 사는 것 하나님께 맡기고 오늘에 주님이 주신 은혜에 족한 삶을 살아 내게 하옵소서.

세상의 자랑 세상의 판단이 두려운 것이 아니라, 하나님 앞에 불순종, 본질에서 벗어남이 두려운 것임을 깨달아 순종하며 나아가는 자녀 되게 하옵소서.

　하나님, 온 백성이 주님을 영광 주로 찬양하길 기도합니다. 말씀에 기초만 두어도 세상에 화평이 올 줄 믿습니다. 긍휼하심이 두려워하는 자에게 대대로 이루실 줄 믿사오니, 온 백성이 하나님을 두려워하여 이 땅에 질서가 서가게 하옵시고, 대통령을 비롯해 정치 경제 모든 분야가 국민의 소리에 귀 기울여 국민을 위한 모든 행위가 회복되게 하옵소서. 오랜 기간 코로나로 인해 멈춰진 어려움들이 회복되어, 실업자가 없고 더불어 잘 사는 나라 되길 기도합니다.

　하나님, 이곳에 사랑으로 세우신 교회를 하나님의 뜻을 이루기 위하여 든든히 서가게 하옵시고 가정 가정마다 복음의 기쁨으로 화목한 가정 되게 하옵소서.

　단에 세우신 목사님 신령한 복을 더하여 주옵시고 성령의 붙들림 받아 말씀 전하실 때에 우리가 말씀을 읽고 듣고 지키는 자 되어 하나님의 기쁨이 되게 하옵소서. 감사드리오며 예수님의 이름으로 기도드렸습니다. 아멘.

2022. 05. 11.

"너희 아버지의 자비로우심 같이 너희도 자비로운 자가 되라"
(누가복음 6:36)

    모든 은혜의 하나님, 사랑과 은혜로 그리스도 안에서 우리를 불러 주시고 경건한 마음으로 예배드리는 귀한 시간 허락하심을 감사드립니다. 우리의 삶 속에 주인 되시는 하나님, 존귀와 영광을 올려 드립니다.

    온 대지가 초록으로 물들어 가는 싱그러운 5월, 만물을 영위하며 하나님의 섭리를 느끼도록 보는 눈과 마음을 주신 하나님 감사드립니다. 감사의 조건은 무한히 많은데 무엇으로 하나님께 보답해 드려야 하나요? 하나님을 기쁘시게 하는 것, 하나님을 경외하는 것일 텐데 하나님을 노하게 하는 것. 말씀으로는 보고 들은 바 행위가 먼 것은 듣는 우리가 믿음으로 받아들이지 못함을 고백합니다.

    내가 정한 선한 일을 도말하지 마옵소서. 기억하사 주의 크신 은혜대로 나를 아끼시옵고, 기억하사 복을 주옵소서 했던 느헤미야처럼 고백할 수 있는 내가 되길 원합니다. 내 안에 질투가 있고 내 안에 허영이 있고 나를 포장하는 가식이 있음을 용서하여 주시옵소서. 악은 어떤 모양이라도 생각나지 않게 하옵시고, 믿음의 분량대로 복 받을 그릇을 준비해 말씀에 순종해 나가는 성도 되게 하옵소서.

하나님, 입으로는 전도의 문을 열어 달라, 이웃을 사랑하고 섬기는 자 되게 해 달라고 기도하면서, 정녕 작은 것에서부터 실행하지 못했음을 고백합니다. 본 교회에 있을 때 성도가 많을 때나 적을 때나, 내 행실과 믿음만 지키면 되는 줄 알았습니다. 친한 사람만 더 가까이하고, 누가 나오지 않아도 살갑게 전화 한 통화, 위로의 말 한마디 하지 못했음을 고백합니다. 내 믿음의 형제를 먼저 챙기지 못했습니다. 회개합니다. 이제부터는 선교지에서도 내 믿음의 형제에게 더 가까이하겠습니다.

나이 들어 더욱 깨우침을 주신 하나님 감사합니다. 날마다 성전을 사모하는 마음 주심을 감사드립니다. 옛 선배님들이 그렇게 본을 보이셨던 것처럼 그렇게 살아가길 원합니다.

하나님, 사랑의 공동체가 대화 없이 헤어지는 지금의 현실을 코로나 이전처럼 애찬의 즐거운 시간과 대화의 시간을 속히 허락하여 주옵소서.

기대가 컸던 새 정부의 출범이 국민의 기대에 부응할 수 있는 충성된 국민의 마음이 되길 원합니다. 지켜 보호하여 주시옵소서. 감사드리오며 예수님의 이름으로 기도드렸습니다. 아멘.

2022. 06. 03.

"주의 말씀은 내 발에 등이요
내 길에 빛이니이다"
(시편 119:105)

　어두운 밤을 주시니 편히 쉼을 얻고 새벽을 열게 하셔서 하나님이 지으신 만물과 공존하게 하시니 감사드립니다.
　말씀과 무언으로 행하심에 우리의 길과 진리와 생명 되시오니 하나님 외에 두려울 것이 없습니다. 세상의 편견이 두려운 것이 아니라, 하나님께 죄짓는 것이 두려움에 오늘도 하루를 곱씹어 봅니다. 마음의 간음, 마음의 살인, 마음의 죄를 범하진 않았는지요. 생각건대 순종보다는 내 육신의 이익, 탐욕에 눈이 어두웠음을 회개하오니 용서하여 주시옵소서.
　아무 육체도 하나님 앞에서 자랑하지 못하게 하시려고 세상의 미련한 자 약한 자들을 택하셔서 지혜 있는 자, 강한 자를 부끄럽게 하려 하시는 주님. 자아의 우월감을 교만하지 않게 묶어 두시옵고, 겸손히 주님만 바라보는 주님의 겸손을 미덕으로 삼는 성도 되게 하옵소서. 권세 있는 자, 부를 자랑하는 세속의 부름과 물결에 굽히는 것이 아니라, 앞을 못 보는 자, 불편한 자들의 마음을 헤아려 그

분들의 눈높이에 나를 맞추고, 혀를 금하여 내 생각이 앞서지 않도록 사랑으로 헌신하는 인내와 믿음을 주옵소서.

때로는 그들이 더디고 답답합니다. 때로는 잔소리가 됩니다.

그러곤 금세 내 기준이었구나 하고 회개할 때가 있습니다. 세상의 천한 자, 멸시받기 위해 태어난 자는 없으되 그 편견은 우리의 잘못입니다. 하나님, 우리가 존귀한 생명을 갖고 태어나 주님의 사랑 안에 거하여 그리스도인의 본질로 칭찬받는 자 되어 하나님 사랑, 이웃 사랑 실천하는 주의 백성 되게 하옵소서.

주님의 백성들, 코로나로 인해 둔감해졌던 믿음이 하나님을 두려워하여 긍휼하심을 바라는 신앙이 회복되게 하옵시고 고난을 겪은 만큼 더욱 견고히 믿음의 반석에 서갈 수 있도록 붙잡아 주시옵소서.

오늘도 변함없이 우리 교회를 기억하사 사랑으로 지켜 주신 하나님. 우리의 공동체가 참신앙으로 하나님께 기쁨이 되게 하옵시고 성도님들 모두 말씀에 순종하여 복 받는 가정 되게 하옵소서.

오랫동안 묵묵히 성도님들을 지도해 오신 목사님. 하나님께서 아시오니 간절한 기도의 소원 응답해 주시옵소서.

금요일 밤 예배 전도사님의 설교를 듣습니다. 모든 것에 감사, 크고 작은 것에도 감사. 늘 감사를 안고 사는 전도사님께 한없는 은혜와 사랑으로 하나님의 뜻을 세워 가게 하옵시고 주어도 주어도 부족한 것 같은 이웃 섬김에 성령의 감동, 인도하심으로 모든 것을 채워 주옵소서. 예수님의 이름 받들어 감사함으로 기도드렸습니다. 아멘.

2022. 07. 08.

"하나님이 모든 것을 지으시되 때를 따라 아름답게 하셨고
또 사람들에게는 영원을 사모하는 마음을 주셨느니라"
(전도서 3:11)

　여호와의 아름다움을 바라보며 그의 성전을 사모하는 마음을 주신 하나님. 오늘도 주님 전 그리워 찾게 하시고 기쁨으로 산제사 드리는 귀한 시간 주심을 감사드립니다. 사모하는 마음에만 머무는 것이 아니라 정직한 영을 주셨는데, 복음 전파에 지혜와 지식까지도 풍성히 주셔서 하나님의 자녀다운 삶을 살아갈 수 있도록 인도하여 주시옵소서.
　웃을 때에도 마음에 슬픔이 있고 즐거움의 끝에도 근심이 있듯이 심령을 상하게 하는 근심을 용서하여 주옵시고, 죄를 깨달아 회개하며 다시 범하지 않도록 죄와 싸워 승리하게 하옵소서.
　이세벨을 피해 광야로 들어가 한 로뎀나무 아래에서 죽기를 원했던 엘리야에게 먹고 마실 것을 주시며 행하실 일을 명하셨던 하나님. 우리에게도 경제는 어렵고 물가는 치솟는 상황 속에서 우리가 행할 길을 열어 주옵소서. 공기, 물, 천지 모든 것을 주신 하나님께 잊지 않는 감사와 기도와 섬김과 하나님을 경외하는 지혜를 주시옵소서.

하나님, 이제 장마가 시작되었습니다. 어려운 가운데 재난이 겹치지 않도록 만반에 준비하는 마음을 주시옵고 인재가 나지 않도록 보호하여 주시옵소서.

이 나라 대통령을 세우셨으니 임기 말년까지 역대 제일 잘하시는 대통령으로 남게 하시고 영부인도 국모다운 국민의 칭송을 받는 기억으로 남게 하소서.

이곳에 하나님의 집을 세우시고 지켜 주신 하나님, 목사님을 비롯하여 온 성도님들이 병과는 상관없는 삶을 살아가게 하옵시고 날마다 영의 양식으로 채우셔서 하나님의 뜻을 이뤄 가게 하옵소서.

전도사님의 대언하시는 말씀을 듣습니다. 날마다 복음 때문에 기뻐하는 전도사님의 삶 속에 늘 동행하여 주셔서 하나님의 뜻 안에서 꿈꾸며 기도하는 소망이 이뤄지게 하옵소서. 우리로 하여금 말씀 받아 흔들리지 않는 소명을 갖고 견고하게 서가는 성도 되게 하옵소서. 감사드리오며 예수님의 이름으로 기도드렸습니다. 아멘.

2022. 07. 15.

"보라 하나님은 나의 구원이시라
내가 신뢰하고 두려움이 없으리니 주 여호와는
나의 힘이시며 나의 노래시며 나의 구원이심이라"
(이사야 12:2)

　십자가 없이 면류관이 존재할 수 없음을 알게 하신 하나님 아버지. 그 넓고 깊은 크신 은혜 너무도 감사합니다.
　하나님의 뜻에 따라 선하게 산다는 것은 나의 의지로 된 선함이 아니라, 하나님의 선하심을 우리를 통해서 보게 하시고, 그로 말미암아 구원의 역사를 이루어 가게 하심을 믿습니다. 말씀이 진리임을 알면서도 말씀을 게을리했던 우리를 용서하여 주시옵소서.
　우리의 소망을 하나님께 두며 하나님께서 행하신 일을 잊지 아니하고 계명을 지켜 순종하기를 기뻐하시는 하나님. 광야에서 반항하며, 사막에서 하나님을 슬프시게 했던 이스라엘 백성들의 전철을 밟지 않도록, 징계와 훈계로 주님의 사랑 안에서 늘 인도하여 주시옵소서.
　날마다 내 입의 말과 마음의 묵상이 습관 되길 원합니다. 습관처럼 주의 성전을 사모하길 원합니다.

경제의 위기, 코로나의 위기, 어지러운 정치 혼돈 속에서도 인내하게 하시고 더욱 주님을 바라보게 하옵소서. 정의의 길을 보호하시며 그의 성도들의 길을 보전하려 하시는 하나님. 우리가 이 나라를 위해 기도하는 백성 되게 하옵시고 정직하여 모든 선한 길을 깨닫는 자녀들 되게 하옵소서.

은혜와 자비가 풍성하신 아버지 하나님, 하나님께서 이곳에 집을 세우시고 지켜 주셨음에 감사드립니다. 하나님의 뜻에 걸맞는 우리 공동체가 하나 되어 사랑 안에서 믿음이 굳게 서가는 교회 되게 하옵소서. 이곳에 목사님을 세우셨사오니 성령으로 충만케 하옵시고 영육 간에 강건하심을 허락하시어 기도의 제목대로 하나님의 뜻 안에 성취되게 하옵소서.

이 시간 전도사님을 단에 세우셔서 귀한 말씀 받게 하시니 감사드립니다. 한나가 여호와로 말미암아 기뻐하고 즐거워하며 여호와를 찬양한 것처럼, 날마다 그의 입에서 감사와 찬양이 끊어지지 않게 하옵시고, 은밀한 중에 드리는 기도까지도 응답하여 주셔서, 하나님의 일에 어려운 걸림돌이 없게 하옵소서. 이 시간도 주님께 영광 돌리는 시간 되기 원하오며 예수님의 이름으로 기도드렸습니다. 아멘.

2022. 07. 29.

"풀은 마르고 꽃은 시드나
우리 하나님의 말씀은 영원히 서리라 하라"
(이사야 40:8)

　주여 생명을 살리는 말씀 앞에 겸손히 하나님께 찬양과 영광으로 경배드립니다.
　아침마다 우리의 팔이 되시며 환난 때에도 우리의 구원이 되시는 하나님. 한나가 주밖에 다른 이가 없다 하였고 여호와께서도 나는 처음이고 나는 마지막이라 나 외에 다른 신이 없다 하심을 진실로 진실로 거듭 믿습니다.
　그러므로 주님밖에 의지할 곳 없사오니 긍휼을 베푸사 주의 날개 그늘 아래 감추시어 주님의 백성들 위기와 환난에서 벗어나게 하옵소서.
　아버지라 부를 수 있는 영광을 주셨으니 은혜 안에서 날마다 감사와 기도를 맛보아 하나님의 마음을 알아 가게 하옵소서. 우리의 마음을 살피사 우리 안에 악한 행위가 있다면 용서하여 주시옵고 우리를 영원한 길로 인도하여 주시옵소서.

예전에 읽은 소설에서 "나는 부자가 싫다. 그들은 우리에게서 쾌락을 도적질해 간다. 세상 평범한 남자로서 세상 평범한 여자를 아내로 맞아 살고 싶다"라고 했습니다.

하나님, 가난한 자의 행복과 부자의 행복 어느 것이 더 겸손하게 사는 삶일는지요. 우리로서 우리보다 가난한 자를 돌아볼 수 있는 눈과 마음을 열어 주시옵소서. 귀를 막고 가난한 자가 부르짖는 소리를 듣지 아니하면 자기가 부르짖을 때에도 들을 자가 없으리라 한 솔로몬의 교훈을 받아 음지가 양지 되고 양지가 음지 될 때가 있듯이 항상 겸손하게 나를 낮추는 삶을 영위하게 하옵소서.

자비와 은혜가 풍성하신 하나님 아버지, 날마다 은혜 가운데 살게 하심을 감사드립니다. 세상으로 눈을 돌려 보면 한숨과 걱정과 불안뿐입니다. 어느 곳 하나 마음의 평강이 없습니다. 어려운 시기에 데모며, 정치 싸움이며, 네가 죽어야 내가 사는 살인적인 폭행들. 하나님께서 긍휼을 베푸사 그들의 마음을 정화시켜 주시옵소서. 살아 계신 하나님을 두려워하는 마음을 주시옵소서. 무신론자들도 정의와 공의 질서를 아나 탐심뿐이오니 믿는 자들로 먼저 욕심을 내려놓고 행함으로 실천하여 그들로 깨달음이 있게 하옵소서.

다시금 바이러스가 일어나고 있습니다. 잠재워 주시옵소서. 예배자들이 편리주의로 하나님을 멀리할까 두렵습니다. 머리서부터 발끝까지 예복을 갖추지 않고, 핑계 아닌 핑계로 소파에서 나태한 모습으로 시청하는 날들이 길어지지 않게 하옵소서.

이곳에 사랑으로 세우시고 지켜 주신 교회가 성도의 수는 적으나 하나님께서 감동과 능력을 주시면 능력 안에서 모든 일을 할 수 있사오니 우리 성도님들 병과는 무관하게 하시옵고 믿음 안에서 하나 되게 하옵소서.

　단에 세우신 당신의 여종, 하나님의 뜻을 행할 기도의 제목을 하나님께서 아시오매 이루어 주시옵고 성령의 도움받아 좋은 꼴로 갈급한 심령들에게 생수가 넘치게 하옵소서. 감사드리오며 예수님의 이름으로 기도드렸습니다. 아멘.

2022. 08. 12.

"그들이 알지도 못하고 깨닫지도 못함은 그들의 눈이 가려서
보지 못하며 그들의 마음이 어두워져서 깨닫지 못함이니라"
(이사야 44:18)

"나는 빛도 짓고 어둠도 창조하며 나는 평안도 짓고
환난도 창조하나니 나는 여호와라"
(이사야 45:7)

 전능하신 하나님, 하늘을 창조하시고 땅을 지으시고 견고하게 하사 우리로 땅에 사는 동안 화평을 구하고 그것을 따르기를 원하는 하나님. 날마다 마음의 묵상으로 감사와 찬양을 드려도 늘 빚진 자의 마음입니다.
 날마다 살아 내는 삶이 어떻게 살아야 주님께 가까이 가는 길이고 주님을 슬프시게 하지 않는 길인지 성령님의 도움으로 늘 상기시켜 주시옵고 그리스도인의 본질을 벗어나지 않도록 인도하여 주시옵소서.
 세상을 사랑하나 의지하지 않고 주님만 의지한다 하면서도 여전히 맘몬의 탐욕에 무너질 때가 있음을 용서하여 주시옵소서. 우리는 인간이기에 넘어지고 시험에 들곤 합니다. 넘어지나 아주 엎드러지지 않는 것은 하나님의 손으로 일으켜 세우심을 믿습니다.

회개 없이 은혜가 없고 말씀을 깨닫지 못하고는 일어설 수가 없음을 알기에, 우리의 마음이 교만하지 아니하고 우리의 눈이 오만하지 않도록, 눈을 밝게 하시는 하나님의 순결한 계명으로, 우리의 길을 굳게 정하사 우리로 순종의 길을 걸어가게 하옵소서.

인자가 풍성하시고 우리를 사랑하시는 하나님, 지금 이 시대는 코로나가 수그러들지 않고 있습니다. 이 환난이 지나가기를 기다리고 하나님의 뜻을 구하는 영혼들이 하나님의 선하신 뜻을 잠잠히 기다리노니 그리 오래가지 말게 하옵소서.

하나님, 베를린 장벽이 무너졌듯이 휴전선이 무너져 평화 위에 자유를 허락하여 주시옵고 복음이 그곳에 자유롭게 전파될 수 있도록 기적의 역사를 이루어 주시옵소서. 그리하여 핵무기를 겨누지 않는 선의의 동족이 되게 하옵소서.

하나님, 이 땅에 공의와 정의와 정직이 바로 서가는 나라가 되길 기도합니다. 서로 헐뜯기보다 격려와 위로, 협력으로 국민이 믿고 맡길 수 있는 정치가 되길 원합니다. 진정한 민주국가가 되길 원합니다. 도와주시옵소서.

하나님 감사합니다. 우리 교회 성도님들께 바라는 소원을 주셨으니 하나님의 의를 구하며 간구하는 기도의 제목이 응답되게 하옵시고 긴 무더운 여름 병과는 무관한 은혜를 주시옵소서. 장마가 순조롭게 지나가나 했더니 많은 인명 피해와 재산 피해, 이재민도 많고 고난에 고난이 겹친 암담한 현실에서 더욱더 하나님의 위로와 긍휼하심을 구합니다. 일상을 속히 허락하여 주시옵고 더 이상의 피해가 없도록 생활의 방패 막을 주시옵소서.

  우리의 공동체를 사랑하시는 하나님 감사합니다. 성도님들 가정에 아픈 분들 위하여 기도하는 공동체 되게 하시고 세우신 목사님께 지경을 넓혀 우는 자들에게 생명의 양식을 전하심으로 구원의 역사가 일어나게 하옵소서.

  이 시간 전도사님이 선포하시는 말씀을 듣습니다. 성령님 함께 하셔서 듣는 자들의 귀가 열리게 하시고, 여종의 기도로 흘렸던 눈물이 남은 여생 동안에 응답의 강물이 되어 하나하나 열매로 나타나게 하옵소서. 감사드리오며 예수님의 이름으로 기도드렸습니다. 아멘.

2022. 08. 19.

"이스라엘의 왕인 여호와, 이스라엘의 구원자인
만군의 여호와가 이같이 말하노라
나는 처음이요 나는 마지막이라 나 외에 다른 신이 없느니라"
(이사야 44:6)

여호와를 의지하며 여호와를 신뢰하는 사람은 물가에 심어진 나무의 뿌리가 강변에 뻗쳐서 그 잎이 청정하며 가무는 해에도 걱정이 없고 결실이 그치지 않는 복을 주실 것이라 말씀하신 하나님.

우리로 하나님을 의지하고 경외하는 마음을 갖게 하사, 거룩한 마음을 주시고 주님 전으로 인도하셨사오매 오직 주님만 홀로 모두 영광 받으시옵소서.

진정 주밖에 다른 신이 없음을 고백합니다. 그러나 만물보다 거짓되고 심히 부패한 것은 사람의 마음이라, 겉으로는 포장하나 중심을 살피시는 여호와 하나님. 우리의 내적 심령 안에 작은 거짓 우상까지도 용서하여 주시옵고 늘 악은 존재하나 순간순간 진리로 승리하는 믿음의 백성 되게 하옵소서.

내 백성은 나를 알지 못하는 어리석은 자요 지각이 없는 미련한 자식이라 악을 행하기에는 지각이 있으나 선을 행하기에는 무지하도다 (예레미야 4:22)

주님이 하신 탄식을 일깨워 내가 그 한 사람이 아니었나 자신을 돌아봅니다. 선한 행함에도 때론 미움이 있고 질투가 있고 비웃음이 있는 현실에서 하나님께 드리는 헌물은 이것뿐이나 우리의 헌신이 우리의 수고로운 행함이 하나님 보시기에 기쁘실 만한 일이거든 기필코 그 길을 걸어가게 하옵소서.

하나님, 이 땅에 하나님의 지상 명령대로 복음이 전파되길 원합니다. 성령이 소멸되지 않게 붙잡아 주시옵고, 예수님을 모르는 자들이 진리를 알게 되어, 주님 안에서 참 평안과 기쁨을 누리는 새날이 허락되게 하옵소서.

새로운 나라를 위해 우리를 구원의 완성으로 만들어 가시는 예수님. 거기에 걸맞게 우리가 변화되어 거듭난 삶을 살아가길 원합니다. 말씀을 믿음의 눈으로 보게 하시고 들어야 할 귀를 열어 주시되, 우리로 듣기를 원하는 자들에게 우리의 걸음을 옮겨 주시옵소서. 명하소서 보내소서. 하나님의 심부름꾼이 되겠나이다.

이곳에 선교의 직분으로 보내셔서 한 공동체를 이루게 하신 하나님 감사합니다. 각자에게 주신 은사는 다르나, 성령은 같다고 배웠사오니 '내가', '언니가'라는 단수를 쓰기보다 '우리'라는 복수를 좋아합니다. 아름다운 말 "우리". 작지만 각 은사의 열매가 모여 사랑의 띠로 큰일을 행할 수 있는 능력을 주시옵소서.

세우신 목사님께 은혜를 더하여 주시옵고 하나님의 비전으로 좋은 꼴을 먹이시는 데 어려움 없도록 성령 충만케 하옵소서. 많은 성도들이 소홀히 하는 금요일 밤도 어느 곳에 있든 주님을 기억하게 하옵소서.

　설교자로 세우신 전도사님의 설교를 듣습니다. 꿀과 송이꿀보다 달고, 혼과 영과 관절과 골수를 찔러 쪼개기까지 하는 말씀으로 회개와 감사가 있게 하옵시고, 주님의 마음을 품은 전도사님의 여정에 늘 함께하시길 기도합니다. 감사드리오며 예수님의 이름으로 기도드렸습니다. 아멘.

2022. 09. 27.

"환난 날에 진실하지 못한 자를 의뢰하는 것은
부러진 이와 위골된 발 같으니라"
(잠언 25:19)

    인애와 진리, 의와 화평이 하나님께 있사오니 진리를 구하며 화평 안에 거하게 하시는 하나님 감사합니다. 감사와 찬양으로 산제사 드리오니 영광 받으시옵소서.

    여러 어려움 가운데서도 긴 여름은 가고 추수의 계절 문턱에서 하나님의 기이하신 섭리와 은혜를 헤아려 봅니다. 어느 것 하나 감사 아닌 것이 없고, 어느 것 하나 하나님의 손길이 안 닿은 곳이 없습니다. 능하신 하나님을 바라보며 사람에게 기대를 걸거나 의지하지 않게 하옵소서. 오직 주님만 의지하고 간구함이 하나님의 뜻에 합당한 기도 되어 더딜지라도 이미 주신 것에 족한 삶을 살아가게 하옵소서.

    회개하고 돌아올 때 평강의 씨앗과 모든 것을 누리게 하실 것을 약속하신 하나님. 행할 일도 가르치시고 미워하는 일을 하지 말라 가르치셨지만, 머리로는 아나 마음에 품은 대로 행하였음을 용서하여 주시옵소서. 우리를 살피사 마음을 아시오니 우리 안에 악한 행위를 제거하여 영원한 길로 인도하여 주시옵소서.

하나님 우리에게 기도의 능력을 주시옵소서. 찬송이 기도 있는 곡조이듯 말씀이 기도가 되게 하옵시고, 기도대로 살아 내는 믿음을 충만케 하옵소서. 보이기 위한 기도, 가식을 내포한 기도가 아니라 말씀으로 준비된 간구가 나의 기쁨이 아니라 하나님께 드리는 영광이 되게 하옵소서.

하나님, 이 나라에 살게 하심을 감사드립니다. 정치, 경제가 혼란만 있는 것이 아니라, 천재적인 지능을 세계적으로 인정받는 나라임에, 이제 바로 세워야 할 것을 바로 세워 세계적으로 부강한 나라 되어, 가난한 나라를 섬기는 그리스도적인 사랑이 있게 하옵소서.

이제는 코로나 이전의 믿음이 회복되어 다시 시작하는 마음, 다시 교회로 모이는 마음으로 때를 얻든지 못 얻든지 입을 열어 담대히 복음을 전할 때 주님이 열매를 거두어 주실 줄 믿습니다. 그 일이 우리 교회로부터 시작되길 원합니다. 하나님께서 기뻐하시고 하나님께서 주시는 생명수로 목마른 자들에게 흘려보낼 수 있는 교회 되게 하옵소서.

목사님께 인도자로서 대언자로서 성령 충만으로 덧입혀 주시옵고 하시고자 하는 일에 어려움 없게 하시옵고, 우리 교회가 작은 일에나 큰일에나 주님을 세워 드리는 일에 성실을 다할 수 있도록 인도하여 주시옵소서.

금요일 밤 예배로 전도사님의 설교를 듣습니다. 영적 충만과 영육 간의 강건함을 허락하시어 품은 소망이 이루어지게 하옵시고 말씀을 듣는 우리에겐 굳은 땅에 새싹이 돋아나듯 새 힘을 주시옵소서. 감사드리오며 예수님의 이름으로 기도 올려 드립니다. 아멘.

2022. 10. 09.

"내 교훈은 비처럼 내리고 내 말은 이슬처럼 맺히나니
연한 풀 위의 가는 비 같고 채소 위에 단비 같도다"
(신명기 32:2)

　우리에게 복을 주시고 지키시고 은혜를 베푸시며 평강 주시기를 원하는 하나님. 진정 감사드립니다. 우리의 방패요 우리를 구원하시는 하나님. 주의 풍성한 사랑을 힘입어 주를 경외함으로 주님 전에서 예배드리오니 귀한 이 시간 홀로 영광 받으시옵소서.
　나의 형통이 나의 의지, 나의 노력으로 된 것이라 착각하고 주님의 인도하심을 망각하고 살아온 자를 용서하여 주시옵소서. 나의 형통은 내 뜻이 아니라 나를 향하신 하나님의 뜻이 나를 통하여 이루어지는 것임을 깨달아 늘 하나님만 의지하고 살아가게 하옵소서.
　요셉이 기도 응답이 없을 때나 상황이 악화되어도 하나님이 함께 하심을 굳게 믿었던 것처럼, 우리 또한 바다 끝에 가서 거주할지라도 물 가운데로 불 가운데로 지날 때에도 함께하신다고 두려워 말라 하신 여호와 하나님. 우리는 하나님의 백그라운드가 있어 아무것도 두려울 것이 없이 행복합니다.

이미 다 주셨는데 더 달라고만 했던 우리의 간구였다면, 이제는 어떤 상황 속에서도 사랑과 정의와 공의를 행하시는 하나님이심을 깨달아 하나님이 기뻐하실 선한 하나님의 일꾼 되게 하옵소서.

나는 여호와요 모든 육체의 하나님이라 내게 할 수 없는 일이 있겠느냐(예레미야 32:27)

모든 만물을 주관하시는 능력의 하나님이신 줄 믿사오니, 인간의 욕심 때문에 편안과 안일주의 때문에 있어서도 안 되는 화학적인 생산과 천지창조 질서의 무너짐이 지금 당하는 고난의 결과라면 하나님의 능력으로 변화시켜 주시옵소서. 버스 안에서 공공시설 안에서 기침도 숨죽여 가며 옆 사람의 시선을 의식해야 하는 현실 앞에서 속히 바이러스가 소멸되길 기도합니다.

하나님. 정치자, 경영자, 군경 공무원들이 진실하여 하나님을 두려워하고 국민의 소리에 귀를 열어 국민들이 걱정 없이 믿고 자기의 분야에 충실할 수 있는 아름다운 좋은 나라 되게 하옵소서.

이곳에 사랑으로 세우신 우리 교회 목사님께 은혜와 복을 더하여 주셔서 목자와 양이 하나 되어 하나님의 뜻을 세워 가는 든든한 교회 되게 하옵소서.

금요일 밤 설교 위해 단에 세우신 전도사님의 말씀을 듣습니다. 주님의 일을 하기 위해 먼저 육신의 건강을 허락하여 주시옵고, 성령으로 충만케 하사 그가 가는 곳마다 뿌려진 씨앗의 열매가 맺히게 하옵소서. 듣는 우리의 마음밭에 하늘 양식이 풍족게 하여 주시옵고 말씀에 은혜받는 귀한 시간 되게 하옵소서. 우리를 구원하신 예수님의 이름으로 기도드리옵나이다. 아멘.

2022. 10. 21.

"새 노래로 여호와께 노래하라 온 땅이여 여호와께 노래할지어다
여호와께 노래하여 그의 이름을 송축하며
그의 구원을 날마다 전파할지어다"
(시편 96:1-2)

　오늘도 예배로 세상과 구별되게 하시고 우리를 불러 모아 하나님의 임재하심을 깨닫게 하신 하나님 감사합니다.

　너희에게는 심지어 머리털까지도 다 세신 바 되었나니 두려워하지 말라 너희는 참새보다 더 귀하니라(누가복음 12:7)

　우리의 마음과 뜻과 생각을 판단하시며 세상에 티끌 먼지 같은 우리 하나하나를 소중히 여기시오니 감사합니다.
　날마다 우리를 말씀으로 상고시키사 본질에 어긋나지 않는 굳건한 믿음을 주시옵고 하나님을 경외하는 마음이 변질되지 않도록 우리의 심령 안에 악은 어떤 모양이라도 제거하여 주시옵소서.
　우리가 영적 훈련을 위해 씨를 심으며 열매를 걷으시는 하나님의 기쁨을 맛보아 기도를 쉬지 않는 믿음을 주시옵소서.

노하기를 더디 하는 것이 사람의 슬기요 허물을 용서하는 것이 자기의 영광이라 듣고 보고 배웠으나 허물을 용서하기보다 들춰내기를 종종 했고, 어긋나는 날에는 잠시도 참지 못했음을 용서하여 주시옵소서. 하나님의 말씀은 진리이고 우리를 훈련해 가는 구원의 성취임을 믿습니다. 우리 안에 악한 심령이 틈타지 않도록 하나님의 사랑의 손으로 붙잡아 주시옵소서.

긍휼하심과 자비가 풍성하신 아버지 하나님. 이 나라를 긍휼히 여겨 주시옵소서. 온 국민이 공의와 정의와 정직을 앞세우기 전에 먼저 하나님의 나라가 이 땅에 확장되어 말씀 앞에 순종할 때 하나님의 복을 받는 나라 될 줄 믿습니다. 하나님의 능력이 성령님의 도움으로 온 교회가 하나 되고 우리도 사명 잘 감당하게 하옵소서.

문명의 발달에 따라 질병도 비례하고 병명도 수없이 많습니다. 질병에 맞서 의학계의 연구진에게 명철과 지식을 겸하여 주셔서 치료 기술로 완치될 수 있는 총명과 지혜를 주시옵소서.

남영분 권사님, 많은 시간을 노동과 씨름하셨습니다. 수술 후 빠른 회복으로 우리와 같이 예배에 동참하시도록 은혜 베풀어 주시옵소서. 우리가 예수님 때문에 시험을 받는다면 기쁨으로 인내하게 하옵시고, 병과는 상관없는 무탈한 삶을 살아가는 은혜를 주시옵소서.

하나님, 이곳에 교회를 세우시고 소명으로 부름받으신 목사님께 풍성한 은혜로 채워 주시사, 사명 감당하시기에 부족함 없게 하옵시고 우리의 공동체가 하나 되게 하옵소서.

이 밤도 설교자로 세우신 전도사님께 늘 건강을 지켜 주시옵고 하나님의 뜻을 이루어 가는 소망이 성취되게 하옵시고 권능으로 말씀에 능력을 더하시어 광야를 걷는 우리에게 늘 처음 생소한 길을 걷는 것처럼 새날을 허락하여 주시옵소서. 감사드리오며 예수님의 이름으로 기도 올려 드립니다. 아멘.

2022. 10. 28.

"하나님이 모든 것을 지으시되 때를 따라 아름답게 하셨고
또 사람들에게는 영원을 사모하는 마음을 주셨느니라 그러나
하나님이 하시는 일의 시종을 사람으로 측량할 수 없게 하셨도다"
(전도서 3:11)

은혜와 사랑을 넘치도록 부어 주시는 하나님 감사합니다. 풍요가 넘치고 감사가 넘치고 사랑이 샘솟는 좋은 계절, 하나님 전으로 우리를 불러 모아 기쁨의 찬양과 감사의 예배를 드릴 수 있도록 인도하시오니 또한 감사합니다. 교만한 마음을 물리쳐 주시고 겸손한 마음을 주시옵소서.

주 앞에서 낮추라 그리하면 주께서 너희를 높이시리라(야고보서 4:10)

낮아지는 마음으로 마음의 묵상으로 주님만 바라보게 하옵소서. 상석에 앉기보다 말석에 앉기를 주저하지 않고, 내 배를 불리기보다 주린 자에게 소외된 자에게 퍼 줄 수 있는 은혜를 주시옵소서.

지혜로운 자나 용사나 부자나 그것들을 자랑하지 말고 명철하여 하나님을 아는 것과 나는 사랑과 정의와 공의를 땅에 행하는 자인 줄 깨닫는 것이라 하신 하나님. 우리는 주님 앞에 내세울 것이 없습니다. 자랑할 것도 없습니다.

우리의 내면에 늘 죄성도 함께 있기 때문에 우리는 죄인입니다. 겉으로 나타나지 않는 내적인 탐욕과 죄악이 얼마나 많은지 하나님은 아십니다. 우리의 죄악을 용서하여 주시옵고 죄와 싸워서 늘 승리하게 하옵소서.

네가 물 가운데로 지날 때에 내가 너와 함께 할 것이라 강을 건널 때에 물이 너를 침몰하지 못할 것이며 네가 불 가운데로 지날 때에 타지도 아니할 것이요 불꽃이 너를 사르지도 못하리니(이사야 43:2)

우리가 무엇이기에 이처럼 사랑하여 주시고 함께 하신다고 약속하시는지 우리는 넓고도 깊은 하나님의 은혜와 마음을 다 헤아리지 못하며 하나님의 길도 찾지 못하겠나이다. 성령님 도와주시옵소서. 하나님의 은혜 가운데 산다고 늘 시인하나 내 노력인 듯 착각할 때가 있사오니 은혜에 걸맞는 우리의 행실을 말씀에 비추어 삶을 살아 내는 성도 되게 하옵소서.

하나님, 추운 겨울이 다가옵니다. 가난한 자들은 겨울에 더 움츠러듭니다. 이웃을 돌아보는 눈을 주시고 마음을 열어 하나님 사랑 전하게 하옵소서.

아직도 코로나는 모든 사람에게 경계의 대상입니다. 속히 소멸되는 은혜를 주시옵소서.

우리 교회 성도님들 지금까지 어떤 역경 속에서도 지켜 주신 하나님께 감사드립니다. 성도님들 가정 가정마다 주님의 날개 아래 평안을 주시옵고 날마다 마음의 외침이 하나님께 상달되어 응답받는 가정 되게 하옵소서. 병원에 계신 권사님. 다치신 다리 위에 하나님의 위로와 안수하심에 속히 쾌유하셔서 함께 예배드릴 수 있도록 은혜 주시옵소서.

이곳에 세우신 전도사님께 하나님의 권능과 지혜와 지식, 명철하심으로 반석 위에 굳건히 서가게 하옵시고 복음의 지경을 넓히사 하나님의 일에 어려움 없게 하옵소서.

하나님의 대언자로 전도사님을 단에 세우셨사오니, 주인의 음성을 듣고 양이 따르듯 우리를 바른길로 걸어갈 수 있도록 안내하시는 전도사님께 충만한 은혜와 권능을 주셔서 우리를 통하여 하나님의 영광이 드러나게 하옵소서. 감사드리오며 예수님의 이름으로 기도 올리옵나이다. 아멘.

2022. 11. 04.

"여호수아가 또 백성에게 이르되
너희는 자신을 성결하게 하라
여호와께서 내일 너희 가운데에
기이한 일들을 행하시리라"
(여호수아 3:5)

    반석과 구원과 요새 되시는 하나님. 우리를 눈동자같이 지키시어 주님의 날개 아래 보호하셨다가 하나님을 사모하는 마음으로 하나님께 영광 드리는 귀한 시간 허락하심을 감사드립니다.
    날마다 반복되는 삶이지만 성숙한 만큼, 익어 가는 만큼 하나님을 깊이 알아 가며 말씀을 깨닫는 새날을 주심에 감사합니다. 금, 곧 없어질 금보다 더 사모하며 꿀과 송이꿀보다 달다라고 한 진리를 추구하며, 진리 안에서 자유할 수 있는 성도들이 되게 하옵소서.
    주기도문 말씀 따라 우리는 정말 일용할 양식을 구하고 있는지, 만나에 족하지 못하고 세상의 부러움, 세상의 자랑, 더한 욕심을 구하는 건 아닌지 우리의 탐욕과 우상을 용서하여 주시옵소서. 날마다 기도의 발판을 밟고 장애물을 뛰어넘어 인생 행로에서 하나님의 인도하심에 따라 순종의 길을 걸어가게 하옵소서.

하나님의 말씀은 정직하여 마음을 기쁘게 하시는 줄 믿사오니 죄 가운데 불안과 마음에 즐거움이 없는 삶이 아니라, 얼굴을 빛나게 하는 즐거운 마음으로 어두운 세상에 되게 하옵소서.

하나님, 사고는 예고 없이 찾아와 이태원에서 젊은 청소년이 많은 참변을 당했습니다. 이제 갓 피어나는 꽃들이 활짝 피어 보지도 못하고 많은 사람들의 안타까움과 슬픔을 자아냈습니다. 그들의 영혼 위에 그 가족들 위에 하나님의 위로와 더 이상의 위험에 노출되지 않는 안전지대가 되도록 이 나라를 지켜 주시옵소서.

코로나가 영원히 소멸되고 정치가 안정되고 경제가 살아나고 믿는 자들의 믿음이 불붙듯 솟아나 다시 교회로 다시 선교사로 주어진 일에 각처에서 충실한 사명자들 되게 하옵소서.

하나님, 세상 걱정 근심 다 버리고 주님 안에서 안주하길 원합니다. 주님 사랑 안에서 주님이 걸어가신 길 기억하며 가르치신 교훈 성실을 먹을거리로 삼아 주님의 칭찬받는 자녀 되길 원합니다. 이로 말미암아 우리 교회가 예수님 때문에 행복한 가정 되게 하옵소서.

성도들을 위해 하늘의 양식을 전해 주시는 목사님과 늘 함께하시어 간구하시는 기도마다 응답 있게 하옵시고, 하나님의 비전이 목사님의 비전이 되어 하나님의 뜻을 온전히 이루어 가게 하옵소서.

말씀을 전하시는 전도사님께 성령 충만케 하사 하나님의 말씀의 권세와 능력을 부어 주셔서 은혜롭고 담대하게 말씀 전하게 하시고, 우리로 말씀을 귀로 듣고 마음으로 받아 순종함으로 말씀의 열매를 맺게 하옵소서. 감사드리오며 예수님의 이름으로 기도드렸습니다. 아멘.

2022. 11. 09.

"여호와의 인자와 긍휼이 무궁하시므로
우리가 진멸되지 아니함이니이다"
(예레미야애가 3:22)

　존귀와 모든 영광 홀로 받으시기에 합당하신 하나님. 많고 많은 사람 중에 우리를 자녀 삼아 주시고 은혜 가운데 거하게 하시니 무한 감사드립니다. 기이하시고 신비하시며 경이로우신 하나님께서 우주 만물 하나하나 색을 입히시고 생명을 주셨음에, 그 사랑 그 은혜 생각할 때마다 감탄과 찬사가 넘치옵니다.
　그럼에도 오늘에 족한 삶을 살아야 하는 우리는 때론 과거에 안주하며 세상적 내일을 추구할 때가 많음을 고백합니다. 그 우상을 용서하여 주시옵소서. 돌감람나무인 우리가 접붙임을 받아 참감람나무로 변화되게 하시옵고, 나무에 붙어 있는 가지로서 우리가 뿌리를 보전하는 것이 아니라 하나님이 우리를 보전하시는 것을 깨달아, 하나님의 인자하심과 사랑하심 앞에 은혜와 감사를 잊지 않는 주님의 백성 되게 하옵소서.
　예수님, 구름 타고 올라가시어 하늘 높은 보좌에서 이 순간도 이 땅을 내려다보고 계시나요? 혼탁한 세상 왜 그리 아픈 사람이 많은

지… 긍휼을 베풀어 주시옵소서. 눈물이 없어도 마음에 울림이 있을 때나, 주변에 눈시울을 적시는 예정된 삶의 끝자락을 들을 때, 인생의 허무함이 몰려와 주님의 위로와 주님의 음성 듣기를 원합니다. 병중에 고통이 없길, 천사들이 왕래하는 찬송으로 천국을 향해 주님의 품에 안기는 그날이 올 때까지 주님의 손으로 안수하여 주시옵소서. 예수님의 이름으로 기도드립니다. 아멘.

2022. 11. 18.

"온 땅이여 여호와께 즐거운 찬송을 부를지어다"
(시편 100:1)

　기쁨으로 여호와를 섬기며 노래하면서 그의 앞에 나아갈지어다. 감사의 계절 우주 만물을 창조하신 하나님께 감사드리며, 찬양과 예배로 산제사 드리는 귀한 시간 인도하심을 감사드립니다.
　주님의 백성을 사랑하시어 애굽을 속량물로, 구스와 스바를 대신하여 주셨고 영원히 함께하시겠다 약속하신 여호와 하나님이 우리의 주권자이심을 행복한 마음으로 감사드립니다. 그러나 반은 세상에 걸쳐 있고, 반은 그리스도의 모습으로 살아온 우리의 모습일랑 용서하여 주옵시고, 온전히 그리스도 안에서 주님의 시선으로 세상을 보게 하시고, 예수님의 냄새를 풍기는 향내로 말미암아 복음이 전파되어 하나님의 영광과 찬송이 되게 하옵소서.
　바울은 나는 심었고 아볼로는 물을 주었으되, 오직 여호와께서 자라나게 하신다고 했습니다. 복음의 씨앗을 뿌리는 것은 우리의 사명이요 열매를 걷으시는 분은 하나님이시오니 좋은 밭에 뿌릴 수 있는 지혜를 주옵시고, 일한 대로 각자에게 상급 주시는 하나님께서 우리 모두 하나님의 일에 충실할 수 있는 마음을 열어 주시고, 믿음으로 행하여 구원의 유익을 얻을 수 있는 성실한 자녀 되게 하옵소서.

하나님, 인간의 탐욕으로 만든 바이러스를 사람의 뇌로 해결하지 못하고 있습니다. 하나님께서 주시는 지혜와 지식, 명철로 세계 의료진의 연구를 모아 속히 소멸할 수 있는 백신이 개발되어 모든 구속에서 벗어나는 은혜를 부어 주시옵소서.

세계 평화를 위하여 어느 나라도 전쟁에 속하지 않게 하옵시고 이 땅에 평화와 번영으로 주님의 나라가 확장되어 가는 기적이 일어나게 하옵소서. 예수님의 이름으로 기도드립니다. 아멘.

2022. 11. 27.

"감사함으로 그의 문에 들어가며 찬송함으로
그의 궁정에 들어가서 그에게 감사하며
그의 이름을 송축할지어다"
(시편 100:4)

    인애와 진리, 의와 화평으로 우리에게 좋은 것을 주시는 하나님. 우리가 땅에서 살아가며 그 산물의 소산으로 추수감사절 하나님께 영광 돌렸던 지난 주일 감사드립니다. 먹을 것을 여름 동안에 예비하고 추수 때에 양식을 모으는 개미의 지혜를 알듯이, 열심을 내어 복음의 씨앗을 뿌려야 할 우리가 게으른 종이 되어 시간의 흐름에 자신을 맡긴 것을 용서하여 주시옵소서. 매일 새날을 허락하심에 하나님의 섭리와 인도하심을 깨닫기보다 세상의 물질, 건강, 평안만 바라본 삶을 고백하오니 주님 앞에 내려놓게 하시고, 나를 비워 주님의 성전이 내 안에 온전히 채워지게 하옵소서.

    우리는 미련하고 고집 세고 시력도 약해 주인 없는 양 같아서 제 길로 갔지만, 예수 그리스도로 말미암아 구원에 이르는 지혜가 있게 하심으로 우리를 사망에서 구원하셨사오니, 우리의 삶에 주인이 주님이심을 믿사와 구원받은 백성으로, 교훈과 책망과 바르게 함과 의로 가르치시는 하나님의 통치권 아래 순종하며 살아가는 주님의 자녀 되게 하옵소서.

매년 추수감사절 떡 나눔의 행사를 보고 내 얼굴에 예수쟁이라 문패를 달지 않아도, 내가 가는 마을 주민들은 내가 예수 믿는 자라는 것을 압니다. 비록 몸이 오지는 못해도 그분들은 목사님과 교회의 선행에 감사합니다. 선행을 맛보아 그들이 교회로 마음이 움직이는 놀라운 역사가 있게 하옵소서.

우리 교회 성도님들 무탈한 건강을 허락하시어 건강한 몸과 건강한 믿음으로 복음의 씨앗을 뿌려 추수 때에 하나님의 능력을 보게 하옵소서.

목사님이 하나님의 일 하시는 데 어려움 없게 하옵시고, 늘 하나님의 전능으로 붙잡아 주시옵고, 성령의 인도하심으로 가시는 곳마다 머무시는 곳마다 복음의 열매가 맺혀지게 하옵소서. 감사드리오며 예수님의 이름으로 기도드렸습니다. 아멘.

2022. 12. 11.

"나는 여호와로 말미암아 즐거워하며
나의 구원의 하나님으로 말미암아 기뻐하리로다"
(하박국 3:18)

  영원하신 왕 곧 썩지 아니하고 보이지 아니하고 홀로 하나이신 하나님께 존귀와 영광을 올려 드립니다. 모든 사람이 구원을 받으며 진리를 아는 데에 이르기를 원하시는 하나님께서 오늘도 저희를 하나님의 성전으로 불러 모아 주셔서 찬양으로 경배드리게 하심을 감사드립니다.

  우리의 구원은 예수 그리스도를 믿는 믿음에 근거한 하나님의 선물임에 감사드립니다. 구원에 이르는 지혜를 주심에 말씀의 문을 열어 주시사 때마다 일마다 상기시켜 주시옵고 날마다 하나님의 비밀을 알아 가며 기쁜 마음으로 섬기되, 그리스도의 종들처럼 믿음과 행함으로 하나님의 뜻을 질서 있게 이뤄 가게 하옵소서.

  그러나 하나님, 말씀을 보고 듣고 기도는 하는데 내면의 가치관은 쉽게 변하지 않습니다. 선한 착한 양심 행위보다 남의 험담과 세상적 유혹에 미혹됨을 용서하여 주시옵고 구원의 은혜로 승리의 날을 살아갈 수 있도록 역사하여 주시옵소서.

우리를 잊지 않고 생명책에 기록하셨다 하신 하나님. 그 은혜 보답하는 마음을 주셔서 구별된 자가 되기 위하여 하나님의 말씀과 기도밖에 없음을 깨달아, 자신을 연단하고 허탈한 우상을 버리고 하나님 앞에 바로 서가길 원하옵나이다.

어떠한 환경 속에서도 넉넉히 이김을 주시는 하나님. 이 나라 이 땅에 살게 하심을 감사드립니다. 부정보다 긍정을 먼저 보게 하옵소서. 작은 나라지만 세계적인 기술 명성을 날리는 기업도, 운동선수도 우리의 자랑이며 기쁨입니다. 이 땅에 복음이 속히 회복되고 정치 경제가 안정을 찾아 전쟁이 없는 나라로 긍휼을 베풀어 주시옵소서.

예수님의 탄생 성탄절이 다가오는 대림절입니다. 온 세계 교회가 예수님 맞이할 준비로 하나 되어 크리스마스 의미가 뭇사람들의 연례행사가 아닌 예수님의 탄생을 기뻐하는 즐거운 성탄절이 되게 하옵소서.

우리 교회가 진리의 기둥과 터가 되게 하시고 성도님들 다 기억하셔서 육신의 건강, 영의 건강 채워 주시옵소서. 근심하는 자 같으나 항상 기뻐하고, 가난한 자 같으나 많은 사람을 부요하게 할 수 있는 우리 교회 성도님들 되게 하옵소서.

이곳에 터를 세우시고 세움을 받아 영의 양식을 먹이고자 하시는 목사님께 충만하신 은혜와 지식과 명철로 채워 주시고 하시고자 하는 모든 일이 주님 뜻 가운데 이뤄지게 하옵소서. 안식일을 복되게 하여 거룩하게 하신 주님의 날, 온전히 하나님 말씀을 들음으로 말씀에 의지하여 한 주간도 승리하는 삶을 살아가게 하옵소서. 감사하옵고 우리를 구원하신 예수님의 이름으로 기도드렸습니다. 아멘.

2022. 12. 18.

"여호와여 주는
나의 방패시요 나의 영광이시요
나의 머리를 드시는 자이시니이다"
(시편 3:3)

   천국 소망으로 영혼의 문을 열어 주시고, 주님을 찬양하며 평화의 왕으로 오신 예수님께 영광을 올려 드립니다. 나그네에게 떡과 옷을 주시고, 너희도 나그네를 사랑하라 하신 주님. 오늘도 거룩한 주님의 날 온전히 성전을 사모하는 마음으로 예배드리는 귀한 시간 주셨음을 감사드립니다.

   한파가 몰아치는 추운 겨울임에 더욱 예수님께서 가난한 자, 병든 자, 헐벗은 자를 위하여 사랑으로 베푸신 은혜를 곱씹어 봅니다. 하지만 우리의 삶 가운데 주님의 온전한 기쁨으로 살지 못했고 온유와 겸손으로 이웃을 사랑하지 못했음을 용서하여 주시옵고, 이제금 우리의 도움이 필요한 이웃이 있나 살펴보아 기회 있는 대로 모든 이에게 착한 일을 하되, 더욱 믿음의 가정들에게 할지니라 하셨으니 우리의 공동체를 더욱 사랑하게 하옵소서.

아무도 타지 않았던 작은 나귀도 예수님께 쓰임받았던 것처럼 우리로 세상 자랑, 유혹, 쾌락 멀리하고 작은 일에도 충성하며 쓰임받는 성도들 되기 원합니다.

한 해를 잠재우면서 감사했던 나날들을 적어 봅니다. 우리에게 망각의 자유도 주셔서 청소할 기억도 있었지만, 기억이 사라질까 봐 생각지도 못했던 하나님의 은혜 섭리를 메모하여 보니 우리의 염려를 아시고 미리 예비하시어 응답하시는 하나님께 진정으로 감사드립니다.

바울이 옥에서도 기쁨으로 찬송을 부르고 모든 것 주님께 맡겨 편안히 잠잘 때 옥문이 열렸듯이, 환경이 풍족하여 기쁜 것이 아니라 사망의 음부에서 벗어날 수 없는 우리를 구원해 주신 하나님의 은혜 생각할 때마다, 감사와 기쁨이 몸에 배어 늘 범사에 감사할 수 있는 우리 모두가 되게 하옵소서.

바울 선생님이 물었지요. 너희는 믿음 안에 있는가? 그러곤 너희 자신을 시험하고 너희 자신을 확증하라. 예수 그리스도가 너희 안에 계신 줄 스스로 알지 못하면 너희는 버림받은 자라. 올 한 해의 어두웠던 상황들을 기억 저편에 흘려보내게 하시고, 새해엔 모든 좌절이 희망으로, 절망이 소망으로 변화되는 날들을 허락하여 주시옵소서.

이 시간 말씀 대언하시는 목사님께 성령의 충만하심과 하나님의 은혜를 덧입혀 주셔서 소망하는 모든 것이 이루어지게 하옵시고, 우리에게 믿음의 뿌리를 깊게 박아 세움을 받은 대로 감사하는 마음이 넘치게 하옵소서. 감사드리오며 예수님의 이름으로 기도드렸습니다. 아멘.

2022. 12. 25.

"아들을 낳으리니 이름을 예수라 하라
이는 그가 자기 백성을 그들의 죄에서 구원할 자이심이라 하니라"
(마태복음 1:21)

　구원의 역사를 이루시고 여자의 후손으로 이 땅에 오셔서 단번에 그의 피로 우리의 죄를 대속하시고 부활의 믿음으로 우리를 자녀 삼아 주신 주님 감사합니다. 만왕의 왕 우리의 중심에 예수를 모시고, 우리의 가슴속에 말씀을 담아 주님이 보이셨던 선하심과, 안식일에도 유대인들의 그릇된 율법을 따르지 않고 죽어 가는 생명들을 살리셨던 예수님을 기억합니다.

　깊고도 풍성하신 하나님의 지혜와 지식은 우리가 판단하지도 헤아리지도 그의 길을 찾지도 못할 것은, 모든 만물이 주에게서 나오고, 주께로 돌아가는 것임을 믿기 때문입니다. 모든 것을 다 소유하셨음에도 겸손하셨던 예수님. 온유하심과 겸손하심을 그 어느 것에 견주리이까. 우리가 그 겸손함을 이어받아 주 앞에서 나를 낮추고 겸손을 미덕으로 삼게 하옵소서.

　한 주 동안에도 아주 가끔은 하나님보다 남에게 잘 보이려고 나를 주인 삼았던 모습을 용서하옵소서. 날마다 일용할 양식을 더 많이 채워 주심에도 돈이 없으면 불안하고, 돈이 없으면 인간 노릇을 못 하는 것 같은 맘몬의 지배 아래 있었음을 고백합니다. 하나님은 육신의 헌신도 선한 행위도 기뻐 받으시는 하나님을 믿사와 우리가 모든 이의 본이 되는 양심에 부끄러움 없는 그리스도인의 본질에서 벗어나지 않게 도와주시옵소서.

하나님, 이 나라에 법과 질서가 무너지지 않게 하옵시고 하나님 앞에 정의와 공의와 정직이 바로 서가는 민족 되게 하옵소서. 이 나라 역사 속에서도 깨달음을 주셨고 어려웠던 시기엔 연단의 기회를 허락하시어 넘어지나 아주 엎드러지지 않도록 이끌어 주신 하나님. 이제금 이 나라에 악행했던 전철일랑 다시는 밟지 않도록 보호하여 주시옵소서.

연일 눈이 많이 내리는 한파가 계속되고 있습니다. 농어촌, 도시 인명 재산 피해가 없도록 지혜롭게 잘 대처할 수 있는 은혜를 주시옵소서.

하나님, 우리 교회를 사랑해 주시고 지켜 주셔서 감사합니다. 몸의 지체는 많으나 어느 것 하나 서로 불평하지 아니하고 한 몸을 이룬 것처럼, 우리 사랑의 공동체가 각자의 받은 은사대로 합력하여 선을 이루어 가는 아름다운 교회 되게 하옵소서.

이 시간 말씀을 전하시기 위해 단에 세우신 목사님께 성령과 권능으로 덧입혀 주셔서 하나님의 일에 어려움 없게 하옵시며 건강하심을 허락하시어 하나님의 뜻 안에서 모든 간구 응답하여 주시옵소서. 메리 크리스마스, 감사드리오며 예수님의 이름으로 기도드리옵나이다. 아멘.

2022. 12. 30.

"내가 너희에게 분부한 모든 것을 가르쳐 지키게 하라 볼지어다
내가 세상 끝날까지 너희와 항상 함께 있으리라 하시니라"
(마태복음 28:20)

우리의 반석이시요 구속자이신 여호와 하나님. 오늘도 사랑의 끈으로 묶으사 하나님의 몸 된 교회로 인도하시니 감사드립니다. 한 해가 저물고 또 새해가 오겠지만, 앞날을 알 수 없는 광야에서 하늘 양식과 하나님의 임재로 채우시는 성령님께서 이 시간도 우리의 예배 가운데 성령 충만하게 하사 하나님께 영광 올려 드리는 귀한 시간 되게 하옵소서.

세상에는 지혜와 능력과 권력 있는 사람도 많은데 나약하고 보잘것없는 비천한 우리를 택하셔서 자녀 삼아 주셨사오니 감사합니다. 하나님의 자녀로서, 하나님 나라의 비전을 이뤄 가는 소중한 말씀 앞에서 순종함으로 하나님의 기쁨이 되는 성도 되게 하옵소서.

말씀 안에서 자유하는 것, 그것이 우리의 기쁨과 행복인 것을 깨닫습니다. 진리를 거스르는 우리의 한구석 마음밭 교만의 씨를 용서하여 주시옵고, 겸손의 씨앗을 뿌려 온유와 겸손하신 예수님을 닮아 가게 하옵소서.

역사의 주인이 되셔서 우리의 마음의 생각과 뜻을 판단하시는 하나님. 우리의 마음을 아시오니 악한 행위가 있거들랑 선한 길로 인도하여 주시옵소서. 사랑과 정의와 공의를 땅에 행하는 자인 줄 깨닫는 것을 기뻐하신다고 말씀하신 하나님. 우리가 하나님의 뜻을 더욱 알아 가길 원합니다.

우리 교회 성도님들 사랑하시어 지금까지도 인도하신 하나님께서 때마다 일마다 생각나게 하시옵고 믿음을 바탕으로 삶을 살아내는 우리의 아름다운 교회가 되게 하옵소서.

금요일 밤 단에 세우신 목사님 설교를 듣습니다. 영적 풍요와 지식과 명철을 허락하시어 주님 뜻 안에서 바라고 원하시는 기도의 제목마다 응답되게 하옵시고, 우리로 지극히 선한 것을 분별하시는 영과 눈이 열려 은혜받는 귀한 시간 되게 하옵소서. 코로나와 크고 작은 사고들이 소멸되고 발생하지 않도록 지켜 보호하여 주시옵소서. 감사드리오며 날 구원하신 예수님의 이름으로 기도 올리옵나이다. 아멘.

2023. 01. 06.

"땅이 싹을 내며 동산이 거기 뿌린 것을 움돋게 함 같이
주 여호와께서 공의와 찬송을
모든 나라 앞에 솟아나게 하시리라"
(이사야 61:11)

    2023년도 새해의 첫 출발입니다. 무탈하게 저희의 삶을 인도하신 하나님께 감사와 찬양과 영광을 돌립니다. 우리의 계획대로 의지대로 살아온 것이 아니라, 지금의 우리가 있음은 하나님의 은총이요 주의 날개 아래 보호하셨음을 믿사오니, 날마다 하나님의 은총을 맛보게 하옵시고 예배드리는 이 시간도 하나님의 은혜에 감사드리는 진정한 예배가 되게 하옵소서.

    매년 해를 보내는 아쉬움과 새해를 맞이하는 설렘도 있지만, 올해는 아쉬움으로 남는 한 해가 아니라 모든 것에 족한 삶을 살아 내는 영적 부요와 건강한 믿음을 내려 주시옵소서.

    오늘 있다가 내일 아궁이에 던져지는 들풀도 외면치 않고 돌보시는 주님. 하나님은 사랑이시라, 하나님의 뜻대로 살겠다 하면서도 좋아할 만한 사람만 좋아하고 미워하는 자를 용서와 사랑으로 품지 못했음을 용서하여 주시옵소서.

은 30에 예수님을 팔았던 가롯 유다까지도 사랑하셨던 주님의 사랑을 존경합니다. 우리도 포용할 수 있는 넓은 마음을 갖게 하옵시고, 나보다 남을 낮게 여기는 겸손한 마음을 주시옵소서. 온전한 사랑엔 두려움이 없고, 미움과 다툼이 있는 곳엔 내 마음이 더 괴로운 것을 깨닫게 하시는 진리의 말씀은 우리를 단련해 가시는 하나님의 교훈임을 깨닫습니다.

　나이를 먹어 갈수록 육은 쇠약해져 가나, 말씀 앞에 성숙해져 가는 의의 열매로 영글어 후세로 건강하고 튼튼하게 자랄 씨앗의 열매가 되게 하옵소서.

　하나님, 북한과 자유로이 왕래가 이어지는 날이 오길 원합니다. 서로 견제하는 욕심이 없고 체제는 달라도 같은 동족끼리 전쟁이 없는 평화가 이루어지길 원합니다. 하나님께서 애굽에서 우리를 구원하신 것처럼 북한에 복음이 들어가 하나님을 모시는 백성들이 늘어나길 기도합니다. 북한의 김정은 마음을 변화시켜 주옵소서. 마음이 있는 곳에 행동이 있고, 행동이 있는 곳에 생과 사가 있음에 살리는 마음 살리는 행동을 위해 주님의 마음을 주시옵소서.

　하나님, 우리 교회 성도님들 한 분 한 분 기억하셔서 아픈 자의 안수와 치유가 되게 하옵시고, 하나님의 사랑 안에서 한 몸 이루는 공동체 되게 하옵소서.

　이 공동체를 이끌어 가시는 목사님께 육의 건강하심과 권능과 성령님의 인도하심으로 우리에게 꼴을 먹이시는 데 어려움 없게 하옵시고 소망의 꿈이 이루어지게 하옵소서.

금요일 밤 예배 전도사님의 설교를 듣습니다. 주님의 품 안에서 하고자 하는 뜻이 있을 줄 아오니 하나님께서 그 걸음을 인도하옵시고 영적 충만함과 건강의 복을 허락하시어 하고자 하는 일에 어려움 없도록 도와주시옵소서. 진리의 말씀 안에 회개의 역사와 깨달음이 있게 하옵소서. 은혜받는 귀한 이 시간 예수님의 이름으로 기도 올리옵나이다. 아멘.

2023. 01. 13.

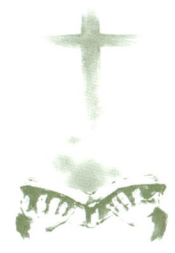

"모든 회중이 큰 소리로 대답하여 이르되
당신의 말씀대로 우리가 마땅히 행할 것이니이다"
(에스라 10:12)

    모든 은혜의 하나님. 어느 것 하나 하나님의 은혜 아닌 것이 없사오매 감사와 존귀와 영광을 올려 드립니다. 전능하신 하나님. 하나님의 은혜로 새해를 출발하게 하시고 성령님의 인도하심으로 하나님 전을 사모하게 하시니 감사드립니다.

    사람의 걸음을 정하시고 그 길을 기뻐하시는 하나님. 우리의 삶의 현장으로 찾아오셔서 하나님이 정하신 길로 하나님의 뜻에 맞게 걸어갈 수 있도록 능력의 오른팔로 붙잡아 주시옵소서.

    죽고 사는 것이 혀의 힘에 달렸고, 혀를 쓰기 좋아하는 자는 혀의 열매를 먹는다고 했는데 정제되지 않은 말로 인하여 상대방에게 덕을 입히지 못하였음을 용서하여 주옵시고 덕이 되는 말, 아름다운 말로 나보다 남을 낫게 여길 수 있도록 내 입술에 청지기를 세워 주시옵소서.

    선하시고 인자하심이 영원하신 하나님. 우리로 의도적인 선을 행함보다 선한 그리스도의 마음이 몸에 배어, 작은 것 하나에도 우리의 도움이 필요한 자를 위하여 나를 내어줄 수 있는 선행을 주시옵소서.

나의 배낭에 마스크가 여유 있음은 때에 따라 필요한 자에게 주려고 준비된 것임을. 버스터미널에서 버스가 떠나기 직전 달려오신 연로하신 할머니께서 마스크가 없어 기사님께 거부를 당하셨습니다. "제게 여유 있으니 타세요"라며 하나를 꺼내 드리니, 받는 자보다 주는 자가 더 기쁜 것을 깨닫게 됩니다. 시골은 버스를 놓치면 두세 시간 있어야 합니다. 출발 시간이 다 되었는데 할머니께서 카드를 찍으니 잔액 부족. 자리에 앉으셔서 주머니를 뒤적거리시느라 시간이 지연되자 "기사님, 제가 내 드려도 될까요?" "네, 그러세요." "감사합니다" 했더니 기사님이 "제가 더 감사하지요." 우리의 작은 선행의 기쁨이 예수님의 큰 기쁨이 되실 줄 믿습니다.

하나님, 대 명절을 맞이하여 코로나가 더 확산되지 않도록 하나님의 은총이 있게 하옵소서.

교회를 이끌어 가시는 목사님께 많은 은혜를 더하여 주시옵고 우리로 걸림돌이 되지 않게 하옵시고 공동체가 하나 되어 아름다운 교회로 이웃을 섬기며 하나님의 기쁨이 되는 교회 되게 하옵소서.

말씀의 대언자로 세우신 전도사님께 권능과 명철을 더하여 주시옵고, 주님의 뜻 안에 세워진 하나님의 비전이 전도사님의 비전이 되게 하옵소서. 묵상하고 준비된 말씀이 성령의 도움받아 우리로 진리를 깨닫게 하옵시고 우리의 잘못된 생각들이 무너져 겸손히 순종의 길을 걸어가게 하옵소서. 감사드리오며 예수님의 이름으로 기도드렸습니다. 아멘.

2023. 01. 27.

"오직 나는 여호와를 우러러보며 나를 구원하시는
하나님을 바라보나니 나의 하나님이 나에게 귀를 기울이시리로다"
(미가 7:7)

    모든 생물이 자라되 자라나게 하시는 이는 오직 하나님뿐이십니다. 자비와 은혜가 풍성하신 하나님께 찬양과 경배를 올려 드립니다. 주님의 머리 되신 교회로 인도하시어 사랑과 은혜로 한 몸 이룬 우리 공동체로 예배드리는 귀한 시간 허락하심을 감사드립니다. 말씀에 뿌리를 내리고 세움을 받아 하나님께 영광과 찬송이 되게 하옵소서.
   즐거운 명절 가족과 친지들의 만남으로 화목하게 하심을 감사드립니다. 여전히 마음 한구석 여운이 남는 것은 담대하게 자녀들 앞에 주님의 자랑보다, 세상적 이야기로 더 많은 시간을 보냈음을 용서하여 주옵소서. 우리의 입을 열어 내 가족부터 복음의 씨를 뿌릴 수 있도록 믿음을 주시옵소서.
   세상 사람들이 모르는 우리에게 행복과 기쁨을 주시는 하나님. 그들에게 믿음이 들어가서 물질의 풍요보다 건강의 재산, 세상의 쾌락보다 송이꿀보다 단 진리의 말씀 때문에 주안에서 누리는 은혜를 맛보게 하옵소서.

나의 멍에는 쉽고 내 짐은 가볍다고 하신 예수님. 나를 짓누르고 있는 허망한 무게를 비우고, 주님의 성품을 닮은 겸손하고 온유한 마음으로 채워져, 주님이 가르쳐 주신 말씀대로 순종하게 하옵소서. 고통받는 이웃이 있는 곳에 우리의 걸음을 옮기시어 사랑의 손을 펼 수 있는 우리 되게 하옵소서.

전쟁이 있는 이 나라, 긍휼을 베풀어 주시옵소서. 정의를 행하며 진리를 추구하는 정치인들이 되게 하옵시고, 백성들의 소리에 귀를 기울여 진리 앞에 공의를 세워 가는 평화로운 나라 되게 하옵소서.

코로나가 줄어드는 것은 기쁜 소식이지만 완전히 소멸되는 은혜를 주시옵고 더 이상 다른 바이러스가 침투하지 않도록 모든 사람에게 지혜와 절제와 하나님의 은혜를 구하게 하옵소서.

사랑의 주님 우리 교회를 기억하셔서 한 가정 가정마다 기도의 제목들이 응답되게 하옵시고, 그리스도의 몸인 교회를 세워 가고 따뜻한 가슴과 보배로운 입술로 사랑을 실천하는 아름다운 교회 되게 하옵소서.

금요 저녁 단에 세우신 전도사님의 말씀을 듣습니다. 말씀을 바탕으로 주님의 길을 걸어가는 여종에게 지혜와 명철을 더하여 주시옵고, 성경을 풀어 말씀을 전하실 때 우리의 귀가 열리고 마음이 뜨거워지는 회개의 역사가 있게 하옵소서. 감사드리오며 예수님의 이름으로 기도드렸습니다. 아멘.

2023. 02. 03.

"너희는 그들을 두려워하지 말라 너희의 하나님 여호와께서 친히 너희를 위하여 싸우시리라 하였노라"
(신명기 3:22)

    연한 풀 위의 가는 비 같고 채소 위의 단비 같은 교훈과 말씀으로 양식을 채워 주시는 하나님. 참으로 감사드립니다. 소나기에 연한 풀이 다칠세라 가는 비로 살포시 내려 주시고, 갈급한 심령 위엔 단비를 내려 주시는 하나님을 만나러 왔사오니, 이 시간 저희를 만나 주시고 산제사로 하나님의 영광과 찬송이 되게 하옵소서.

    너희가 온 마음으로 나를 구하면 나를 찾을 것이요 나를 만나리라 하신 주님. 소리 없는 부르짖음과 마음의 묵상으로 기도하오니 무미건조하게 왔다가 그냥 돌아가지 않게 하옵시고, 이 시간 하나님을 만나는 소중한 시간 되게 하옵소서. 고요한 시간에 기도할 때, 나는 그저 하나님께 시간밖에 내어 드린 것이 없는데, 하나님은 그 속에 평안을 주시고 하나님의 사랑을 느끼며 감사할 수 있는 은혜를 주시니, 주밖에 다른 이가 없음을 고백합니다.

    날마다 계명에 부응하는 삶을 살고자 하나 행함이 게을렀음을 용서하여 주옵시고, 하나님이 기뻐하시는 사랑과 정의와 공의를 땅에 행하시는 하나님이심을 깨달아, 선을 행함과 서로 나누어 주기를 힘쓰는 우리 모두가 되게 하옵소서.

하나님, 이제 부분적 환경에서 마스크를 벗습니다. 가면에서 벗어나는 느낌이지만 여전히 불안합니다. 하나님 은혜를 더하사 완전히 소멸될 수 있도록 시간을 단축시켜 주시옵소서.

하나님의 뜻이 있어 이곳까지 인도하여 주신 하나님, 우리를 통하여 하나님의 목적을 이루시기를 원합니다. 우리 교회가 마음을 같이하여 같은 사명을 가지고 뜻을 합하여 한마음을 품어 사랑의 공동체로 선한 열매 맺게 하옵소서.

치료자의 하나님, 긍휼을 베푸시는 하나님. 아픔 중에 있는 우리 성도님들 손수 안수하여 주셔서, 독수리가 날개 치며 올라가는 힘을 주시고, 송아지가 외양간에서 나가 뛰는 힘을 주시어 한자리에 모여 예배드릴 수 있는 은혜를 주시옵소서.

하나님이 세우신 우리 교회가 목사님을 비롯하여 한 공동체로 반석 위에 굳건히 서가게 하옵소서. 금요일 밤 하나님의 말씀을 전도사님을 통해 듣습니다. 전하시는 전도사님께 모든 은혜를 더하여 주셔서 권능과 성령으로 역사하심으로 우리에게 풍성한 꼴을 먹여주옵시고 예배를 통하여 새롭게 변화되는 거듭난 삶을 살아가게 하옵소서. 감사드리오며 예수님의 이름으로 기도드렸습니다. 아멘.

2023. 02. 10.

"여호와는 나의 힘이요 노래시며 나의 구원이시리로다"
(출애굽기 15:2)

    마땅히 찬양받으시며 높임을 받으시기에 합당하신 하나님. 하나님을 높여 경외하는 마음을 주시고 예배자의 자리로 인도하시오니 감사합니다. 어느 곳에서든 하나님은 계시지만 보배로운 산돌이신 예수님과 몸 된 성전에서 구별된 신령한 제사를 드리오니 기뻐 받으시옵소서.
    지난 며칠간도 우리의 안일함과 욕심으로 인하여 하나님의 영광을 가렸던 순간순간을 용서하여 주옵시고, 우리의 욕심에 따른 계획보다 성령님의 인도하심을 따를 수 있도록 지혜를 주시옵소서.
    기뻐하되 주 안에서 항상 기뻐하고, 기도하되 기도를 쉬는 죄를 범치 않게 하옵시고, 감사하되 범사에 감사할 수 있는 믿는 자의 구별된 삶이 되게 하옵소서.
    세상의 쾌락과 즐거움 부러움을 멀리하고 오히려 불신자들을 안타까운 시선으로 바라보아 전도할 영혼을 찾을 수 있는 길을 인도하여 주시옵소서. 그들을 위하여 기도하는 응답이 구원의 역사로 연결되게 하옵소서.

우리가 여러 가지 환란 중에도 하나님을 바라보는 것은 하나님께서 친히 온전하게 하시며 굳건하게 하시며 강하게 하시며 터를 견고하게 하실 것을 믿기 때문입니다.

이 코로나가 영원히 묻히고 주님의 영광 안에 들어가 사랑의 공동체로 성전에 모이기를 힘쓰고, 떡을 떼며 하나님을 찬미하고, 온 백성에게 나누며 섬기는 우리 모두가 되게 하옵소서.

하나님, 이 땅에 온 세계에 전쟁이 멈추게 하옵시고, 지진으로 인하여 어려움을 겪고 있는 튀르키예 나라에 도움의 손길이 끊이지 않게 하옵시고, 구조대원의 손길에 하나님의 도우심이 함께하시길 기도합니다.

이 재단에 목사님을 기억하셔서 뜻하시는 바 성취되게 하옵시고 교회를 이끌어 가시는 데 어려움 없게 하옵소서. 이 시간 전도사님의 말씀을 듣습니다. 성령의 도우심으로 지금까지도 인도하셨사오니 앞으로의 남은 여정도 주님을 닮아 가는 모습으로 그의 선행이 주님의 영광이 되게 하옵소서.

말씀을 듣고자 우리가 마음을 비우고 왔사오니 은혜로 채워 주시옵고, 채워진 은혜로 세상에 나가 행하는 삶이 되게 하옵소서. 감사드리오며 예수님의 이름으로 기도드립니다. 아멘.

2023. 02. 17.

"여호와가 우리 하나님이신 줄 너희는 알지어다
그는 우리를 지으신 이요 우리는 그의 것이니 그의 백성이요
그의 기르시는 양이로다"
(시편 100:3)

    하나님께서 우리를 택하사 자녀 삼아 주셨기에 아버지를 경외하는 마음으로 주님 전에 왔사오니 하나님께서 우리의 제사를 받으시옵소서. 갈급한 우리의 심령 위에 생명의 샘이신 주께서 우리를 사망의 그물에서 벗어나게 하옵소서.
    하나님 감사합니다. 먼 길을 홀로 걸어도 혼자가 아닌 것은 주님이 동행하시기 때문입니다. 이른 아침 안개로 자욱한 잿빛 시야를 뚫고 걸어가도 여호와께서 나의 빛이 되실 것임을 믿기에 두렵지 아니합니다. 말씀을 생각나게 하셔서 하나님과의 대화가 하루의 시작, 하루의 마무리가 되게 하시니 감사합니다. 그럼에도 하나님의 역설적인 말씀에는 인내하지 못하고 외면할 때가 있었음을 용서하여 주옵소서.
    환난 날에도 즐거워하고 시험을 참는 자에게 복이 있다 하심은 인내와 연단을 거쳐 소망을 이루는 줄 배웠지만, 평안만이 안전한 삶이라고 여겼던 우리에게 쉼을 바라보는 지혜를 주셔서 믿음으로 인내하게 하옵소서.

우리가 여러 가지 시험에 넘어질 때가 있지만 지금까지도 지나온 하나님의 인도하심을 보면, 하나님께서 우리의 걸음을 정하시고 하나님의 손으로 넘어질 때마다 일으켜 세우셨음을 깨닫습니다. 지켜 주신 하나님, 인도하신 하나님 감사합니다.

어느 목사님이 기도가 막히면 성경 구절을 나열해도 기도라 하심은 말씀이 기도며 찬송이 곡조 있는 기도임을 믿습니다. 틀에 박힌 기도보다 기도의 능력을 주셔서 깨달음의 변화, 응답의 변화, 교만이 아닌 겸손한 마음으로 기도대로 살아 내는 우리 모두가 되게 하옵소서.

겨울이 지나가고 생기가 돋아나는 봄을 준비하려나 봅니다. 우리의 움츠렸던 마음을 새롭게 하셔서 먹을 것을 여름에 예비하여 추수 때에 양식을 모으는 개미처럼, 복음의 씨앗을 심어 추수 때에 걷으시는 하나님의 영광을 보게 하소서.

하나님, 우리 국민들이 각각 자기의 분야에 정직하고 충실했으면 좋겠습니다. 정치인들은 우리가 믿을 수 있도록 정직하고, 경제인들은 국민들의 주머니를 채우고, 문화인들은 국민들의 즐거움과 희망을 주는 아름다운 나라 되길 기도합니다. 이것 또한 진리의 말씀 안에서 가능한 줄 믿사오니 온 백성이 하나님을 믿고 진리 안에서 자유하는 삶을 살도록 역사하여 주시옵소서.

우리 교회를 사랑하시는 하나님. 목사님을 비롯하여 온 성도가 예수님 때문에 행복하고 기쁘고 즐거운 사랑의 교회 되게 하옵소서.

이 시간 전도사님을 통해 말씀을 듣습니다. 풍성한 권능으로 채워 주시옵고 크고 작은 일까지도 하나님 함께하시옵소서. 여호와께서 지혜를 주시며 지식과 명철을 그 입에서 내심 같이 대언하시는 말씀이 우리의 마음 판에 들어와 승리하는 삶을 살아가게 하옵소서. 감사드리오며 예수님의 이름으로 기도드렸습니다. 아멘.

2023. 02. 26.

"깊도다 하나님의 지혜와 지식의 풍성함이여,
그의 판단은 헤아리지 못할 것이며
그의 길은 찾지 못할 것이로다"
(로마서 11:33)

    우리가 주께 먼저 드려 갚으심을 받은 것이 아니라 무조건적인 사랑으로 먼저 우리를 택하사 구원을 이루게 하신 하나님 감사합니다. 빚진 자의 도리를 행할 수 있도록 길을 열어 주시옵소서.
    지금까지 온 길 순탄한 길만 걷게 하셔서 감사한 것이 아니라, 우리가 계획했던 길이 아닌 고난의 길을 걷게 하셨던 것도 주님의 섭리와 연단 아래 더 큰 소망을 갖게 인도하신 하나님이셨음을 알기에 무한 감사드립니다.
    내가 너를 내 손바닥에 새겼고 너의 성벽이 항상 내 앞에 있다 하신 하나님. 우리는 마음에 살인자였고 간음자였고 하나님보다 더 그 무엇을 우상화했음에도 끝까지 손을 놓지 않으시고 아버지 품에 거하게 하시오니 용서를 비오며 숙연히 감사드립니다.
    우리의 육체는 쇠잔해 가나 영은 성숙함을 더하시오니 감사합니다. 나의 멍에는 쉽고 내 짐은 가볍다 하심을 이해하지 못하고, 교회 청소나 식사는 그저 당번이기에 내게 주어진 일이기에 일로만 생각했었으나, 주님이 내게 주신 사명이 즐거울 때 내 멍에는 쉽고 내 짐은 가벼운 것인 줄 깨닫습니다.

용기와 힘을 주시는 하나님. 우리가 불의와 타협하지 않게 지켜 주시고 붙잡아 주셔서 선을 행함으로 고난을 받는 것이 하나님의 뜻임을 깨달아 기회 있는 대로 모든 이에게 착한 일을 행할 수 있도록 도와주시옵소서.

하나님, 날마다 일용할 양식 주심에 족하오니 이 땅에 안녕을 주시고 세계의 전쟁과 생명을 앗아 가는 재난이 없도록 긍휼을 베풀어 주시옵소서. 무엇을 위한 정치 싸움인지 국민들은 혼란스럽습니다. 진정한 민주주의를 부르짖는 정치인들이 되게 하옵소서.

우리 성도님들 각 가정마다 병과는 무관하게 살아가며 오직 주님 때문에 행복한 가정 되게 하옵소서.

거룩한 주일 저녁 예배로 목사님의 말씀을 듣습니다. 성령의 권능으로 덧입혀 주시옵고 간구하시는 모든 소원이 응답되게 하옵소서. 하나님의 말씀으로 받아 영적으로 더욱 성장하게 하옵시고 받은 말씀을 삶으로 적용해 나가는 우리 모두가 되게 하옵소서. 감사드리오며 예수 그리스도의 이름으로 기도드렸습니다. 아멘.

2023. 03. 03.

"그는 반석이시니 그가 하신 일이 완전하고 그의 모든 길이 정의롭고 진실하고 거짓이 없으신 하나님이시니 공의로우시고 바르시도다"
(신명기 32:4)

구원을 베푸시는 전능하신 하나님. 우리로 말미암아 기쁨을 이기지 못하시며 우리를 잠잠히 사랑하시며 우리로 말미암아 즐거워하며 기뻐하시리라 하신 하나님께 진정으로 기쁨 되는 자녀들 되어, 하나님이 아파하실 악을 행하지 아니하고 선을 행하여 고난받는 일이 있더라도 하나님의 뜻을 거스르지 않고 진리의 길을 걸어가는 참된 주님의 백성 되기 원합니다.

말씀 안에 교훈과 책망과 바르게 함과 의가 들어 있고, 말씀 안에서 하나님을 보며, 말씀 안에서 예수님과 동행하는 삶이 고난과 두려움을 인내하게 하시는 하나님께 은혜와 감사를 드립니다.

우리의 내면에 주님을 모시는 주님의 방이 성결한 마음으로 청소되지 않음을 용서하여 주시옵고, 순전한 마음으로 주님을 모실 거룩한 방으로 채워 주시옵소서.

유일신이신 하나님! 주밖에 다른 이가 없음을 고백합니다. 생사화복을 주관하시는 하나님. 손바닥 안에 우리의 모든 것 있사오니 주님이 쓰시기에 맞는 그릇으로 때마다 일마다 사용하여 주시옵소서.

우리의 삶은 어제가 있기에 오늘이 있고, 오늘이 있기에 내일을 열어 주실 하나님만 바라보오니 시간을 아껴 오늘에 충실할 수 있는 복음의 일꾼이 되도록 인도하여 주시옵소서.

하나님, 자유롭게 믿음 생활 할 수 있는 나라에 태어나게 하심을 감사드립니다. 나라를 위해 기도하옵기는 통치자들이 성경을 읽어 말씀대로 정의와 공의와 사랑 정직을 행하게 하시고 구원받는 역사가 있게 하옵소서.

이제 마스크를 벗을 때가 왔습니다. 위기를 기회로, 지루했던 코로나 시간을 이겨 내게 하신 하나님 감사합니다. 완전히 소멸되는 은혜를 주시옵고 마음을 같이하여 성전에 모이기를 힘쓰고 사랑을 나누는 우리 교회 되게 하옵소서.

사랑이 많으신 하나님께서 이곳에 터를 세우셨사오니, 세우신 목사님께 모든 은혜를 주시옵고 우리 교회를 이끌어 가시는 데 어려움 없도록 인도하여 주시옵소서.

오늘도 말씀 전하기 위하여 전도사님을 단에 세우셨사오니, 하나님의 일을 하기 위한 건강의 축복과 하나님의 뜻을 실천해 가는 여정에 하나님께서 늘 동행하여 주시옵고, 영의 부요함을 부어 주시사 말씀을 받는 우리에게 생수가 넘치게 하옵소서. 감사드리오며 예수님의 이름으로 기도드렸습니다. 아멘.

2023. 03. 05.

"나는 여호와 너희 하나님이라 나는 너희의 하나님이 되려고
너희를 애굽 땅에서 인도해 내었느니라
나는 여호와 너희의 하나님이니라"
(민수기 15:41)

　정의의 길을 보호하시며 그의 성도들의 길을 보존하시는 하나님. 오늘도 거룩한 주일 주님 전으로 불러 주시고 온전히 주일의 안식을 허락하신 하나님께 감사드립니다. 예배드리는 이 시간도 하나님께서 기뻐 받으실 신령한 제사로 영광 올려 드립니다.
　하나님의 무한한 사랑과 하나님의 뜻을 다 알 수는 없지만 날마다 말씀을 묵상하며 감격하는 삶을 살아가도록 인도하옵소서. 주신 이도, 취하신 이도 하나님이시온데 하나님의 뜻을 구하기보다는 우리의 욕심만을 내세웠던 교만을 용서하여 주시옵소서.
　인자와 진실이 넘치시는 하나님. 하나님께서 주신 지상 명령과 하나님 나라에 죄인인 우리를 초청하셨음을 기억하여 부르신 목적에 순종하는 성도 되게 하옵소서.
　부귀영화를 누렸던 솔로몬이 지나온 세월 헛되고 헛되다 뜻함은 허무한 세상 가운데 서로 즐거워하며 창조주를 기억하고 말씀을 지켜 행하라는 우리를 향한 메시지임을 믿습니다. 우리가 천국에 가져갈 것 한 가지는 세상의 명예, 지위, 돈이 아니라, 한 영혼 구원함이 천하보다 귀하다 하셨사오니 영혼 구원함에 전도할 수 있는 눈과 귀와 입을 열어 주시옵소서.

하나님, 우리의 삶이 날마다 주님만으로 즐겁고 기쁘고 행복한 날이 되길 원합니다. 주님이 기준이 되는 삶! 말씀에도 마음에 즐거움은 양약이고 마음에 즐거움은 얼굴을 빛나게 한다고 하셨으니 짧은 인생 부정적인 생각보다 긍정적인 삶으로 하루하루를 빛으로 살아 내게 하옵소서.

지상에는 상반된 공존의 장단점이 있지만 하나님께서 세계적으로 겪는 재난을 막아 주시옵고 모든 사람이 하나님의 진리 안에서 자유하게 하옵소서.

우리 사랑의 공동체가 주께서 주신 각각 받은 은사대로 하나님의 여러 가지 은혜를 맡은 선한 청지기같이 서로 봉사하기를 힘쓰는 교회로 하나님께 칭찬받는 교회 되게 하옵소서.

말씀에 은혜받는 시간입니다. 목사님께 능력과 권능을 덧입혀 주시옵고 성령의 도우심 따라 하시는 일마다 주 안에서 성취되게 하옵소서. 감사드리오며 예수님의 이름으로 기도드렸습니다. 아멘.

2023. 03. 24.

"이르되 하늘의 하나님 여호와 크고 두려우신 하나님이여
주를 사랑하고 주의 계명을 지키는 자에게
언약을 지키시며 긍휼을 베푸시는 주여
간구하나이다"
(느헤미야 1:5)

    우리의 육체와 몸은 쇠약하나 하나님은 우리 마음의 반석이시요 영원한 분깃이오니 감사드립니다. 엎드러질지라도 일어날 힘을 주시고, 어두운 데 앉을지라도 하나님께서 우리의 빛이 되심을 믿기에 하나님의 거룩한 성전 예배 자리로 나와 하나님께 경배드립니다. 이 시간 하나님께서 기뻐 받으시는 소중한 시간 되게 하옵소서.
    하나님은 우리를 지으신 이요, 우리는 하나님의 것이오니 하나님의 백성이요, 하나님께서 기르시는 양이온데 그럼에도 불구하고 세상적 염려와 편견과 거짓의 가면을 쓰고 하나님의 백성다운 삶을 살아 내지 못함을 고백하오니 용서하여 주시옵소서.
    우리가 비록 하찮은 존재이지만 하나님의 목적대로 우리를 다양한 질그릇으로 빚으셨음에 각자의 믿음의 분량대로 채우사 하나님의 영광을 위해 사용되는 존귀한 그릇 되게 하옵소서.

하나님, 이 땅을 고쳐 주소서. 우리를 고쳐 주소서. 하나님이 원하시는 나라, 하나님의 뜻을 이루는 백성으로 바꿔 주소서. 떨림으로 하나님을 두려워하는 나라, 공의와 정의와 정직이 바로 서는 나라로 변화시켜 주시옵소서. 북한의 미사일을 두려워하지 않고 하나님의 검을 두려워하며 이 나라의 국력을 세워 가는 나라 되게 하옵소서.

하나님, 이제 마스크를 벗을 수 있는 은혜를 주셔서 감사합니다. 바이러스가 완전 소멸된 것이 아님에 우리 모두가 남을 먼저 생각하고 자기 관리를 할 수 있는 배려와 지혜를 허락하여 주시옵소서. 대지의 목마름에 단비를 주시듯 우리 모두의 어려웠던 지난날에서 벗어나 주를 믿는 자에게 생수의 강이 흘러 나와 성령의 도우심으로 주님의 일을 감당해 나가는 성도 되게 하옵소서.

하나님, 이곳에 세우신 목사님께 먼저 영육 간의 강건하심을 주시옵고 교회를 이끌어 가시는 데 어려움 없도록 함께하여 주시옵소서. 우리 공동체가 적은 수의 교회지만 각 가정을 위해 중보 기도할 수 있는 사랑을 주시오니 감사드립니다. 하나님의 일을 할 수 있도록 건강을 지켜 주시옵고 세상이 주는 것과 다른 주님이 주시는 평안 안에서 은혜를 맛보며 살아가는 복된 가정들 되게 하옵소서.

이 시간 전도사님을 통해 말씀을 듣습니다. 사람의 말이 아닌 하나님의 말씀으로 받아 그 말씀이 우리의 마음 판에 새겨져 말씀대로 순종해 가는 우리 성도 되게 하옵소서.

전도사님의 필리핀 방문이 예정되어 있습니다. 오가는 길 지켜 주시옵고 좋은 만남으로 하나님의 영광이 나타나는 귀한 시간들 되게 하옵소서. 감사드리오며 예수님의 이름으로 기도드렸습니다. 아멘.

2023. 03. 31.

"하나님의 도는 완전하고 여호와의 말씀은 진실하니
그는 자기에게 피하는 모든 자에게 방패시로다"
(사무엘하 22:31)

개나리, 진달래, 산수유랑 벚꽃이 만발하는 아름다운 계절을 선물하신 하나님 감사합니다. 감사하는 마음과 기쁜 마음으로 하나님께 경배 올려 드립니다.

우리의 왜곡된 생각일랑 용서하옵시고 또 치유하셔서 움켜잡으려고만 했던 손을 펴 선한 영향을 미칠 수 있게 하옵시고 각각 우리가 누군가에게 힘이 되어 주는 청지기 역할을 잘 감당하게 하옵소서.

어느 날 아들한테 전화가 왔기에 "엄마가 보태 줄게 적금 하나 들자" 했더니 "어머니 저 극단 일이 없어서 알바 90만 원밖에 못 받아요" 했습니다. 돈 많이 버는 사람의 삶은 윤택할지 몰라도 적은 돈이지만 어떻게 쓰느냐에 따라서 가치가 달라지는 것이라 했지요.

잔돈이 부족하다며 버스를 못 타는 자에게 차비를, 노숙자에게 따뜻한 음료와 김밥, 마스크를 잊고 버스를 타려다 제지당하는 자에게 여유 있는 마스크를 내줌 등등. 작은 일이지만 받는 자보다 주는 자의 기쁨이 배나 되는 것을 주님의 가르침으로 체험합니다.

아들의 믿음이 자라 은혜가 넘친다는 소식이 들려오니 넘어질까 자만하지 않게 하옵시고, 죽을 수밖에 없었던 교통사고에서도 살리셨으니 온전히 주님의 소유로 의탁합니다.

우리의 전도의 길은 멀리 있는 것이 아니라 내 가족, 내 인척, 내 이웃이 먼저 전도의 대상이 되어야 할 줄 아오니 우리의 혀를 주장하여 주시옵소서.

예수님도 바울도 설교 후에 믿는 자가 일어났듯이 우리에게도 전도의 입을 열어 주시옵소서. 자기의 육체를 위하여 썩어질 것을 구하는 것이 아니라 성령으로 심어 영생을 거두는 우리 모두가 되게 하옵소서. 우리 모두 주님의 일에 걸림돌이 되는 병마는 치료의 하나님께서 안수하여 주셔서 독수리가 높이 나는 힘, 송아지가 뛰는 힘을 주시옵소서.

너희는 내게 배우고 받고 듣고 본 바를 행하라 그리하면 평강의 하나님이 너희와 함께 계시리라(빌립보서 4:9)

귀한 시간 목사님의 설교를 듣사오니 우리에게 양식을 전해 주시는 목사님께 바라시는 소망이 때마다 일마다 이루어지게 하옵시고, 말씀을 받는 우리에겐 세상에 나가 말씀이 기초가 되는 삶을 살아가게 하옵소서. 감사드리오며 예수님의 이름으로 기도드렸습니다. 아멘.

2023. 04. 14.

"그는 돋는 해의 아침 빛 같고 구름 없는 아침 같고
비 내린 후의 광선으로 땅에서 움이 돋는 새 풀 같으니라 하시도다"
(사무엘하 23:4)

　말씀으로 우리에게 용기와 소망 희망을 주시는 하나님. 진정으로 감사드립니다. 하나님의 말씀이 언약의 말씀이 우리에게 없었으면 소망이 없지만 엎드러질지라도 일어날 것이요 어두운 데 앉을지라도 여호와께서 우리의 빛이 되실 것임을 믿기에, 오늘도 감사함으로 용기를 얻어 하나님께 나아갑니다. 세상 밖으로 나아갑니다. 분별력이 흐려질 때, 잠시 눈앞의 유혹이 우리를 흔들 때, 작은 시험에도 넘어질 때가 있음을 용서하옵시고, 오직 시험에 드는 것은 자기 욕심 때문임을 깨달아 변함없으신 하나님의 사랑을 기억하게 하옵소서.
　하나님께서 우리에게 선택의 자유를 주셨사오니 각각 서 있는 분기점에서 바울이 나를 본받으라 한 자신감을 우리에게 부어 주시사 부끄럽지 않은 삶이 되게 하옵시고, 오직 선을 행함과 서로 나눠 주기를 잊지 않는 하나님이 기뻐하시는 산제사가 날마다 있게 하옵소서.

소금과 빛으로 사는 삶이 하나님의 영광을 위해 사는 것이라 말씀하신 예수님. 우리로 자기 중심적인 삶이 아니라 이타적인 삶으로, 배려를 겸손을 미덕으로 삼아 하나님 나라를 확장해 가는 주님의 백성들 되게 하옵소서.

화평과 안정된 나라 되길 기도하오며 경제가 회복되어 청년 실업이 없게 하옵시고, 꿔 오는 나라가 아니라 빈곤한 나라를 도와주는 부강한 나라 되게 하옵소서.

우리 교회가 뜻을 합하여 한마음으로 서로를 위하여 기도하고 도와 가며 사랑으로 하나 되게 하옵시고 하늘의 소망을 이루어 가는 교회 되게 하옵소서.

우리 교회를 사랑으로 세우신 하나님. 목사님께 성령의 충만함으로 강건하게 하옵시고 함께 마음을 같이하여 같은 사랑으로 아름다운 교회를 세워 가게 하옵소서.

설교자로 세우신 전도사님 기억하셔서 하나님의 일을 하고자 하는 꿈이 있사오니, 육체의 건강을 지켜 주시옵고 성령님의 인도하심으로 소망이 응답 되는 은혜를 부어 주시옵소서. 가뭄에 단비를 부어 주셔서 생명이 살아 숨 쉬듯 이 시간 듣는 말씀이 갈급한 심령 위에 생수의 강이 흘러넘치게 하옵소서. 감사드리오며 예수님의 이름으로 기도드렸습니다. 아멘.

2023. 04. 28.

"너희는 나에게 거룩할지어다
이는 나 여호와가 거룩하고 내가 또 너희를 나의 소유로 삼으려고
너희를 만민 중에서 구별하였음이니라"
(레위기 20:26)

하나님, 그 많고 많은 사람 중에서 우리를 택하셔서 하나님의 백성으로 삼으시고 십자가와 부활의 참 소망을 갖게 하신 하나님께 진정으로 감사드립니다. 사람에게는 버린 바가 되었고 하나님께는 택하심을 입은 보배로우신 예수님. 이 시간 드리는 예배가 우리 안에 신령한 집으로 세워져 거룩한 산제사 드리는 귀한 시간 되게 하옵소서.

하나님의 은혜를 생각할 때마다 감사는 노래처럼 흥얼거리나 순간순간 사탄의 유혹으로 잊고 곁길로 갈 때가 있음을 용서하여 주시옵소서. 우리의 마음과 입에 파수꾼을 세우시고 우리 입술의 문을 지켜 주시옵소서. 마음의 생각이 행동으로 나타날 때 그것이 남을 세우는 보배로운 입술이 되게 하옵소서.

하나님, 기도하옵기는 이 나라 통치자들에게 하나님의 주권을 인정하는 은혜를 주시옵고 하나님을 두려워하는 마음과 국민의 안녕을 위한 정의로운 사회를 구현할 수 있는 능력과 자비를 주시옵소서.

하나님의 은혜 아니고서는 살아갈 수 없는 우리들입니다. 지구는 에덴동산을 꿈꿀 수 없이 썩어 가고 사람의 유익을 위한 과학은 그것을 앞서가지 못합니다. 하나님의 긍휼하심을 구하옵나이다. 자신의 수고와 남을 배려하는 마음이 하나님의 진리 안에서 아름다운 세상을 만들어 가는 그리스도인다운 그리스도인이 되게 하옵소서.

하나님, 목사님의 계획 아래 5월 4일 마을 큰 잔치를 베풀고자 합니다. 성도의 수는 적지만 하나님의 일을 하는 데 하나 되어, 다툼이나 허영으로 하지 않고 오직 하나님의 의를 나타내는 즐겁고 기쁜 잔치 되게 하옵소서.

금요일 밤 예배로 전도사님의 설교를 듣습니다. 성령님의 도우심을 받아 지혜와 명철, 영육 간의 강건함을 더하여 주셔서 건강한 믿음으로 말씀 전하실 때에 훈계의 책망도 달게 듣겠사오니 온전히 듣는 자의 마음과 귀가 열려 아멘으로 화답하는 귀한 시간 되게 하옵소서. 감사드리오며 예수님의 이름으로 기도드렸습니다. 아멘.

2023. 05. 12.

"주는 천하 만국에 홀로 하나님이시라"
(열왕기하 19:15)

    주께서 천지를 만드셨나이다. 하나님, 우리를 위하여 닷새 동안에 우리에게 필요한 것들을 만드시고 마지막 날 사람을 창조하시어 보시기에 심히 좋았더라 하신 하나님. 우리의 죄를 대속하여 독생자 아들까지 내어주셨던 하나님의 은혜를 무한 감사드립니다.
    예배자가 있는 곳에 하나님의 은혜가 있고 예배자에게는 세상에서 맛볼 수 없는 기쁨이 있기에 기쁜 마음으로 신령과 진정으로 예배드리오니 하나님 영광 받으시옵소서.
    우리 마음의 생각과 뜻을 아시는 하나님. 내면에 작은 죄까지도 용서하여 주시옵고 잠시 후면 사라질 것들에 마음을 빼앗기지 않게 하옵시고 이 자리가 회개의 자리, 믿음이 회복되는 자리, 영원한 것을 위해 소망하는 자리 되게 하옵소서.
    하나님께서 이끄시는 대로 가겠습니다. 허망한 생각을 내려놓겠습니다. 우리의 생각이 하나님보다 앞서가지 않도록 기도의 문을 먼저 열겠습니다. 착한 자가 되기보다 거룩한 자가 먼저 되게 하옵시고 사랑받기보다 먼저 사랑을 주는 자가 되게 하옵소서.

바라옵기는 정치, 경제 여러 분야의 지도자들이 정의와 공의를 바로 세워 가며 국민을 먼저 생각하는 참다운 일꾼들 되게 하옵소서. 앗수르가 예루살렘을 치러 왔을 때 그들과 함께하는 자는 육신의 팔이요, 우리와 함께하시는 이는 우리의 여호와 하나님이시라. 안심하라고 백성을 위로하였던 히스기야의 교훈을 받아, 어떠한 환경과 지배 아래에도 하나님만 의지하고 하나님만 바라보는 주님의 백성 되어 풍요할 때 교만하지 않게 하옵시고, 엎드러질 때 붙들어 주시는 주님의 손을 기억하게 하옵소서.

치료자의 하나님, 우리 성도님들 사랑의 끈으로 매어 주셨으매 한 사람 한 사람을 기억하사 육신의 아픔이 없는 자가 없사오니, 중보의 기도에 치료하는 광선을 비추사 응답되는 은혜를 긍휼로 베풀어 주시옵소서.

이곳에 세우신 목사님 영육 간의 강건하심과 마음의 경영이 하나님의 말씀으로 응답되는 은혜를 주시옵소서.

오늘도 단에 세우신 전도사님 외길로 수십 년 하나님만 바라보고 달려온 길 주님 아시오매 여종의 마음을 어루만져 주시옵고, 야베스의 기도가 전도사님의 기도가 되게 하옵시고, 전하시는 말씀 받아 우리로 은혜 충만한 시간 되게 하옵소서. 감사드리오며 예수님의 이름으로 기도드렸습니다. 아멘.

2023. 05. 26.

"즐겁게 소리칠 줄 아는 백성은 복이 있나니 여호와여
그들이 주의 얼굴 빛 안에서 다니리로다
그들은 종일 주의 이름 때문에 기뻐하며 주의 공의로 말미암아
높아지오니 주는 그들의 힘의 영광이심이라"
(시편 89:15-17)

   우리를 하나님의 소유로 삼으시려고 우리를 만민 중에서 구별하셨다 하신 하나님. 다 갚지도 못할 사랑으로 품어 주시고 자녀 삼으심에 감사드립니다. 그러나 모든 것이 하나님의 은혜라 입으로 말하면서도 진정 하나님께 얼마나 감사하고 있는지 감사보다 우리의 욕심을 채우려 감사에 인색했다면 용서하여 주시옵소서.
   다윗의 시처럼 내가 내 평생에 여호와의 집에 살면서 여호와의 아름다움을 바라보며 그의 생전에서 사모하는 그것이라. 우리가 실체로는 하나님을 볼 수 없지만, 신비하고 경이로움과 꿀보다 달고 오묘한 말씀과 훈계의 책망도 살리는 길이라 믿사오니, 우리에게 성전을 사모하는 마음을 주시옵고 날마다 아름다운 성전에서 말씀과 임재하심을 기억하여, 복음의 일꾼으로 헤아릴 수 없는 하나님의 사랑을 만민에게 베풀며 살아가는 우리 모두가 되게 하옵소서.

하나님, 이 땅에 평화와 번영과 질서를 위해 기도합니다. 뉴스를 듣고 보는데 비판과 시위와 마약과 횡령들이 난무합니다. 고쳐 주시옵소서. 살인자가 없고 자살이 없고 먹을 것이 없어 허덕이는 자가 없도록 은혜 내려 주시옵소서.

길고 긴 시간 코로나에서도 이겨 내게 하신 하나님. 우리 교회 성도님들 한 사람 한 사람 아픈 곳마다 안수하심에 나음을 주시옵고 간구하는 기도마다 응답의 은혜가 있게 하옵소서.

작은 마을에 교회를 세우시고 지금까지도 목사님을 또 성도님들을 사랑으로 지켜 주심에 감사드립니다. 하나님의 능력의 손으로 목사님께 권능과 능력의 은혜를 주시옵고 교회를 이끌어 가시는 데 어려움이 없도록 도와주시옵소서.

전도사님의 설교의 말씀을 듣습니다. 권능과 총명 지혜와 명철을 더하여 주셔서 여호와를 소망하는 천국 소망을 이루기 위해 하나님의 비전이 전도사님의 비전이 되게 하옵시고 이 시간 우리가 말씀 들을 때 듣고 깨닫는 지혜와 열린 마음을 주셔서 말씀 순종으로 삶을 살아 내는 나날이 되게 하옵소서. 나의 주 예수 그리스도의 이름으로 기도드리옵나이다. 아멘.

2023. 06. 09.

"내 육체와 마음은 쇠약하나
하나님은 내 마음의 반석이시요
영원한 분깃이시라"
(시편 73:26)

   닭이 날개 아래 병아리를 품듯 하나님의 날개 그늘 아래 품어 주셨다가 이 순간까지도 예배와 찬양이 있는 성전으로 불러 모아 주셔서 하나님께 영광 드리는 귀한 시간 허락하심을 감사드립니다.
   광야에서 반석을 쪼개시고 목마른 백성에게 흡족히 물을 주셨으며 만나를 비같이 내리시고 나는 새를 바다의 모래같이 내리시사 배불리셨지만, 그들의 탐욕대로 음식을 구하고 하나님을 대적하였던 광야의 역사를 기억합니다.
   지금의 우리를 돌아보면 풍요로울 때 영혼의 갈급함을 잊었고 평안할 때 내가 크게 죄지은 것이 없어 평안한 줄 착각하고 살았습니다. 이겨 내기 힘든 고난에서는 기도보다 먼저 왜 내게 드라마 같은 역경을 주시는가 원망을 했고 자녀를 위해선 매일 기도는 하면서 그것이 다인 양 당당하게 주님을 자랑하지 못했던 자신을 용서하여 주시옵소서.

이제금 담대하려 하오니 말문의 지혜를 주시옵소서. 내 가족도 전도하지 못하면서 이웃에게 전도한다는 것이 마음의 짐이 됩니다. 하나님, 내 가족부터 말씀이 바르게 들어가 건강한 믿음으로 자라는 구원의 역사가 일어나게 하옵소서.

모든 것이 하나님의 은혜 아래, 사랑 안에, 섭리 아래 살아가게 하심을 감사드립니다.

우리가 사랑함은 그가 먼저 우리를 사랑하셨음이라(요한1서 4:19)

언제나 앞서 우리의 길을 인도하시는 하나님. 가난한 자, 눈먼 자, 소외된 자에게 손을 내밀어 사랑하셨던 예수님처럼 우리로 그 길을 대행해 나가는 성도 되게 하옵소서.

이곳에 세우신 하나님의 교회를 사랑으로 하나 되게 하옵시고, 나라를 위하여 교회들을 위하여 우리 성도님들의 가정을 위하여 기도하는 중보 기도가 하나님께 상달되어 은혜로 남게 하소서. 교회를 이끌어 가시는 목사님께 간구하시는 기도의 제목들이 성취되게 도와주시옵고 복음의 동역자들을 세우셔서 하나님의 일을 하시는 데 어려움 없게 하옵소서.

이 시간 전도사님의 설교를 듣습니다. 성령의 인도하심을 따라 영의 강건하심으로 풍성히 채워 주시옵소서. 하나님 앞에 세워지는 계획들이 열매를 맺게 하옵시고 지식과 모든 총명으로 점점 더 풍성케 하사 많은 이들에게 복음의 씨앗이 심기도록 은혜를 주시옵소서. 감사드리오며 예수님의 이름으로 기도 올리옵나이다. 아멘.

2023. 06. 16.

"그의 노염은 잠깐이요 그의 은총은 평생이로다
저녁에는 울음이 깃들일지라도 아침에는 기쁨이 오리로다"
(시편 30:5)

　자비와 은혜가 풍성하신 아버지 하나님! 하나님이 우리를 사랑하셔서 손수 지으신 자연에서 하나님의 섭리를 깨닫게 하시고, 필요한 물질의 양식과 생명의 양식과 진리 안에서 온전케 하시는 주님을 바라보게 하시니 진정 감사드립니다.
　하나님, 이 시간 자녀를 위한 기도를 올리옵나이다. 하나님의 말씀이 우리의 거울이듯 또한 부모는 자녀의 거울이라. 부모로서 거울 되는 삶을 살아왔는지 거울에 비친 부모의 모습이 나는 부모님처럼 살지는 않을 거야 하는 상처 준 모습이었다면 우리의 그릇된 가르침을 용서하여 주시옵소서.
　그러나 하나님. 하나님이 우리를 생명책에 기록하여 잊지 않고 주의 백성을 사랑하시듯, 자기 태에서 난 자녀를 긍휼히 여기는 사랑을 주셨음에, 우리 또한 자녀들을 사랑하는 마음으로 훈계도 했고 책망도 했고 날마다 자녀들을 위해 기도하였음을 기억하여 주시옵소서.

자녀들이 살아감에 있어 고난도 있을 수 있지만, 하나님은 감당하지 못할 시험을 허락하지 않으시고 시험당할 즈음에 피할 길을 주시는 하나님이심을 믿어 인내로 기도로 승리하는 삶을 살아가도록 은혜를 베풀어 주시옵소서.

우리가 세상에 아무것도 가지고 온 것이 없으매 또한 아무것도 가지고 가지 못하는 삶의 여정에서 오직 하나님을 경외하며 천국문을 향해 성실을 다할 수 있도록 도와주시옵소서.

이제 원하옵기는 바울처럼 우리를 본받는 자녀들이 될 수 있도록 우리의 삶에 변화를 주시옵고, 그들로 하나님을 사랑하고 이웃을 사랑하고 계명을 지켜 하나님께 칭찬받는 자녀들 되게 하옵소서. 잠언 말씀처럼 네 손이 베풀 힘이 있거든 마땅히 받을 자에게 베풀기를 아끼지 않는 우리 모두가 되게 하옵소서. 감사하오며 예수님의 이름으로 기도드립니다. 아멘.